职业教育改革创新示范教材

Qiche Wenhua yu Gailun
汽车文化与概论
(第2版)

曹剑波　张宏立　主　编

弓建海　副主编

人民交通出版社股份有限公司
China Communications Press Co.,Ltd.

内 容 提 要

本书是职业教育改革创新示范教材之一，主要内容包括汽车史话、著名汽车公司与品牌、汽车在中国、汽车时尚、新能源汽车和汽车概论。

本书可作为中等职业学校汽车类专业的教材，也可作为行业岗位培训教材以及汽车维修及相关技术人员参考书。

图书在版编目（CIP）数据

汽车文化与概论/曹剑波,张宏立主编.—2版.—北京:人民交通出版社股份有限公司,2019.11
职业教育改革创新示范教材
ISBN 978-7-114-15785-1

Ⅰ.①汽… Ⅱ.①曹…②张… Ⅲ.①汽车—文化—中等专业学校—教材 Ⅳ.①U46-05

中国版本图书馆CIP数据核字(2019)第185409号

职业教育改革创新示范教材
书　　名：	汽车文化与概论（第2版）
著 作 者：	曹剑波　张宏立
责任编辑：	戴慧莉
责任校对：	刘　芹
责任印制：	张　凯
出版发行：	人民交通出版社股份有限公司
地　　址：	（100011）北京市朝阳区安定门外外馆斜街3号
网　　址：	http://www.ccpress.com.cn
销售电话：	（010）59757973
总 经 销：	人民交通出版社股份有限公司发行部
经　　销：	各地新华书店
印　　刷：	北京市密东印刷有限公司
开　　本：	787×1092　1/16
印　　张：	9.5
字　　数：	176千
版　　次：	2012年5月　第1版
	2019年11月　第2版
印　　次：	2019年11月　第2版　第1次印刷　总第7次印刷
书　　号：	ISBN 978-7-114-15785-1
定　　价：	38.00元

（有印刷、装订质量问题的图书由本公司负责调换）

职业教育改革创新示范教材编委会

（排名不分先后）

主　　任：曹剑波（武汉市交通学校）

副 主 任：龚福明（武汉交通职业学院）

　　　　　曾　鑫（武汉软件工程职业学院）

　　　　　田哲文（武汉理工大学）

　　　　　许小兰（荆州市创业职业中等专业学校）

　　　　　周广春（武汉市交通学校）

委　　员：张宏立　何本琼　向志伟　杨　泽　张生强　罗　琼

　　　　　马生贵　蔡明清　易建红　向忠国　朱胜平　程　宽

　　　　　彭小晴　江　薇　杨　猛　易昌盛

　　　　　李和平（武汉市交通学校）

　　　　　董　蓉　杨晓炳　涂金林　杨寒蕊　何孝伟　张继芳

　　　　　覃绣锦　陈士旭　李　刚　汤进球　吕　晗

　　　　　胡　琼（荆州市创业职业中等专业学校）

　　　　　董劲松（武汉市第三职教中心）

　　　　　孟范辉　弓建海　李　奇　许家忠

　　　　　魏　超（张家口机械工业学校）

　　　　　朱　岸（武汉市机电工程学校）

　　　　　高元伟（辽宁省交通高等专科学校）

　　　　　雷小平（武汉市第二轻工业学校）

　　　　　李　丹（湖北科技职业学院）

第 2 版前言 Preface

本套"职业教育改革创新示范教材",自2012年首次出版以来,多次重印,被全国多所中等职业院校选为汽车运用与维修专业教学用书,受到了广大师生的好评。

为了体现现代职业教育理念,贴近汽车运用与维修专业实际教学目标,促进"教、学、做"更好地结合,突出对学生技能的培养,使之成为技能型人才,2018年8月,人民交通出版社股份有限公司吸收教材使用院校的意见和建议,组织相关老师,经过充分研究和讨论,确定了修订方案,对本套教材进行了修订。

根据教学需求,本套教材将第一版的12个品种进行整合,形成第2版的10个品种,其中将《汽车发动机机械维修》与《汽车发动机电控系统维修》整合为《汽车发动机构造与维修》,《汽车传动系统维修》《汽车制动系统维修》《汽车行驶系统与转向系统维修》整合为《汽车底盘构造与维修》,《汽车车身维修技术》拆分为《汽车车身及附属设备》与《汽车钣金维修》,《汽车涂装工艺》与《汽车涂装工艺工作页》合并为《汽车涂装工艺》。教材修订后,在结构和内容上与教学内容更加吻合,更注重对学生实践能力的培养。

《汽车文化与概论》的修订工作,就是在本书第一版的基础上吸收了教材使用院校教师的意见和建议,在会议确定的修订方案指导下完成的。教材的修订内容主要在以下几个方面:

(1)在第二章中,继续丰富汽车公司和品牌,增加第六节"其他国家著名汽车公司与品牌",如英国、韩国、瑞典、印度等。

(2)在第三章中,不再以"生产基地"为单位进行划分,改以具有代表性的"汽车生产集团"为单位划分,重新编写,例如一汽汽车集团、东风汽车集团、上海汽车集团等,突出中国汽车工业在世界上的地位——产销量的骄人数据和技术短板,突出民族品牌,增加自信。

(3)对教材中涉及的有关数据,例如新国标、新排名、新数量等,进行相应地更新。更正了对现代汽车技术发展不适应的内容和一些错误,力求做到概念准确、表述正确、数字精确。

(4)将第四章"汽车概论"改为全书最后一章,对部分内容做了整合,并适度增加汽车基础知识的深度和广度,便于汽车技术类专业和非技术类专业对教材的取舍。

(5)为适用新能源汽车时代的到来,丰富了原第六章中关于新能源汽车的相关内容、图片。

(6)除"汽车概论"外,其他章节弱化专业知识,强化文化内涵,根据中职学生特点,凸显趣味性、通俗性。

本教材由武汉市交通学校曹剑波、张宏立担任主编,由张家口机械工业学校弓建海担任副主编。

限于编者水平,书中难免有疏漏和错误之处,恳请广大读者提出宝贵建议,以便进一步修改和完善。

职业教育改革创新示范教材编委会
2019年2月

目录 Catalogue

第一章　汽车史话 ······ 1
第一节　汽车的诞生 ······ 1
第二节　汽车技术发展史 ······ 7
第三节　汽车趣事 ······ 12

第二章　著名汽车公司与品牌 ······ 18
第一节　德国著名汽车公司与品牌 ······ 18
第二节　法国著名汽车公司与品牌 ······ 22
第三节　美国著名汽车公司与品牌 ······ 24
第四节　日本著名汽车公司与品牌 ······ 31
第五节　意大利著名汽车公司与品牌 ······ 37
第六节　其他国家著名汽车公司与品牌 ······ 38

第三章　汽车在中国 ······ 43
第一节　中国汽车工业发展史 ······ 43
第二节　中国著名汽车生产集团 ······ 50

第四章　汽车时尚 ······ 62
第一节　汽车运动 ······ 62
第二节　世界著名车展 ······ 71
第三节　汽车外形 ······ 73
第四节　汽车色彩 ······ 79
第五节　汽车娱乐 ······ 82

第五章　新能源汽车 ······ 84
第一节　电动汽车 ······ 84
第二节　混合动力汽车 ······ 89
第三节　代用燃料汽车 ······ 91
第四节　太阳能汽车 ······ 93

第六章　汽车概论 ·· 96
第一节　汽车的定义和分类 ································· 96
第二节　汽车的总体构造 ···································· 104
第三节　汽车材料 ·· 130
第四节　汽车的设计与制造 ································· 136

参考文献 ·· 142

第一章 汽车史话

学习目标

通过本章的学习，你应该：
1. 了解汽车诞生的历史；
2. 了解汽车技术的发展；
3. 知道汽车的一些经典趣事。

第一节 汽车的诞生

一 车轮和车

1 车轮的发展

车轮是人类在搬运东西的劳动实践过程中被逐渐发明的。随着生产工具的改进，人类猎取的东西多了，把它们运到目的地就困难了，于是有人就想出了主意，从地上拣了几根折断的粗树枝，用藤蔓将这些树枝连接在一起，然后把猎物放在上面，双手抓住两根长树枝拖着走，这比用肩扛背驮轻快多了。也有人想到用一根木棒，一端扛在肩上，另一端在地上，把重物吊在木棍中间拉着走，这也比用手搬运省力。还有人把两根木棍并排起来，中间系一块布，双手持两棍端，另一端在地上拖着走。上述就是人们最初发明的一种"轻橇"，它的特点是借助滑杆在地上滑行。大约在公元前4000年，北欧人发明了更有实际意义上的"橇"。人类用滑动实现了运输方式的第一次飞跃。

大约在人类发明"橇"后1000年，中亚人发明了车轮，从此，人类有了一种新的移动方式，这就是用"滚动"代替了"滑动"，实现了运输方式的第二次飞跃，大大提高

图1-1 实心木轮

了运输效率。最早的车轮是从粗圆木上锯下的圆木头当作滚轮,如图1-1所示。公元前1600年时,北方的海克索斯人用马拉战车进攻埃及,使埃及人大吃一惊。从此,埃及人也开始使用带轮的车,并首先使用了轮辐和轮缘来加固车轮,不过当时还都是木制的。后来,随着钢铁的出现,木轮发展成为钢制轮,外加橡胶轮胎,内充空气,车轮日臻完善。

② 马车的发展

车辆几乎是与车轮同时出现的。中华民族是最早使用车辆的民族之一。传说在5000年前黄帝就制造了车辆,所以,黄帝又称"轩辕黄帝"。"轩"是古代一种带有帷幕而前顶较高的车,"辕"是车的纵向构件,车前驾牲畜的两根横木。不过,黄帝造车的传说迄今尚未找到确凿的史料记载。

早期的车辆都是人力的,后来马车出现了。马车的历史极为久远,它几乎和人类的文明一样漫长。一直到19世纪,马车仍然是城市交通十分重要的运载工具。其中,欧洲主要使用的是四轮马车(图1-2),而中国使用的主要是两轮马车(图1-3)。春秋和战国时期,马拉的兵车仍是军队的主要作战工具。各国诸侯大量制造兵车,像秦、楚等强国,兵车数量超过千辆,因此有"千乘之国"之称,这是一种国家军事实力的体现。

图1-2 四轮马车

图1-3 两轮马车

在秦始皇统一中国之后,为了强化国家对地方的控制能力,大力修筑"驰道"以保证运输通畅,还实施"车同辙",统一车辆的轮距,这可以说是世界上最早的车辆标准化法规。

③ 自动车辆的尝试

尽管古代的人们对车辆不断改进探索,但人力或者畜力车的速度和载质量总是受到很大限制,无法满足人类的需求和生产力的发展。制造出多拉快跑的自动车辆,一直是人类的梦想。14世纪至16世纪欧洲的文艺复兴,使欧洲的思想文化和科学技术走向繁荣,欧洲的车辆制造技术也在那个时期超过了中国,欧洲人开始了自动车辆的大胆尝试。

1420年,英国人发明一种滑轮车,如图1-4所示。人坐在车内,借助人力拉绳子,不停地转动滑轮。车虽然走了起来,但由于人力有限,这辆车的速度就不能充分地得以发挥,比步行还要慢。1600年,荷兰人西蒙·史蒂芬制造了一辆"双桅风帆车"(图1-5),依靠风能驱动车辆,但是,这种车辆对风向和风力的要求比较严格。1649年,德国一个钟表匠汉斯·郝丘,制造了一台发条车(图1-6),但是,这台发条车的速度不到1.6km/h,而且每前进230m,就必须把钢制发条卷紧一次,这个工作的强度太大了,所以,发条车也没能够得到发展。

图1-4 英国的滑轮车　　图1-5 荷兰的双桅风帆车　　图1-6 德国的发条车

以上所谓"自动车"的尝试,都因为存在着种种问题而失败了。其实,问题的关键就在于缺少长效而稳定的动力装置,但它却反映了当时人们对"自行驱动"车辆的渴望与追求。

二 蒸汽机的发明

蒸汽机是将蒸汽的热能转换为机械能的往复式动力机械。蒸汽机的出现曾引发了18世纪的工业革命。直到20世纪初,它仍然是世界上最重要的原动机,后来才逐渐让位于内燃机和汽轮机等。

16世纪末到17世纪后期,英国的采煤业已发展到相当的规模,单靠人力、畜力已难以满足排除矿井地下水的需求,而现场又有丰富而廉价的煤作为燃料。现实的需要促使许多人致力于"以火提水"的探索和尝试,如英国的萨弗里、纽科门等人。

终于在1696年,萨弗里制成了世界上第一台实用的蒸汽提水机,如图1-7所示,在1698年取得标名为"矿工之友"的英国专利。萨弗里的提水机依靠真空的吸力汲水,汲水深度不能超过6m。为了从几十米深的矿井汲水,须将提水机装在矿井深处,用较高的蒸汽压力才能将水压到地面上,这在当时无疑是困难而又危险的。

纽科门及其助手卡利在1705年发明了大气式蒸汽机,用以驱动独立的提水泵,被称为纽科门大气式蒸汽机,如

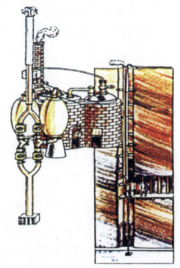

图1-7 萨弗里的蒸汽提水机

图1-8所示。这种蒸汽机先在英国，后来在欧洲大陆得到迅速推广，它的改型产品直到19世纪初还在制造。纽科门大气式蒸汽机的热效率很低，这主要是由于蒸汽进入汽缸时，在刚被水冷却过的汽缸壁上冷凝而损失掉大量热量，所以，只在煤价低廉的产煤区才能得到推广。

1763年，英国人詹姆斯·瓦特开始针对纽科门式蒸汽机的缺点研究新的蒸汽机，并在1776年，研制出世界上第一台真正意义上的动力机械——蒸汽机（图1-9），这是历史性的进展，而自动车辆的诞生也因此有了实现的可能。

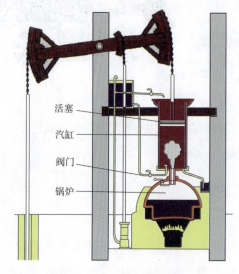

图1-8 纽科门的蒸汽机

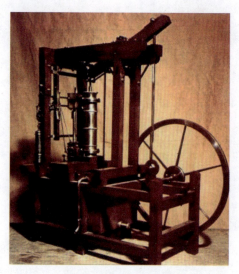

图1-9 瓦特的蒸汽机

三 蒸汽机汽车的发明

1763年，法国陆军技术军官尼古拉斯·古诺所在的兵工厂生产一种铸铁炮身的大炮，需要几匹强壮的马才能拉动。古诺希望将蒸汽力作为拉动大炮的牵引力，并且向陆军部提出了制造一台样机的建议。经过6年的努力，于1769年，古诺制成了自己设想中的蒸汽机汽车，如图1-10所示。蒸汽机汽车的车身是很重的木制框架，前面支撑着一个大锅炉，后面是两个汽缸，锅炉产生的蒸汽送进汽缸，推动着装在里面的活塞上下运动，再通过曲柄把活塞的运动传给装在车框架下面的前轮，操纵前轮转动前进。古诺驾着他发明的蒸汽机汽车真的"走"起来了，不过它的速度只有4km/h，比马车慢得多，而且蒸汽机汽车"走"了15min就停下来了，原来锅炉里的蒸汽已经用完了。古诺只好下车给锅炉添水加煤，等到锅炉里重新喷出蒸汽以后才能继续行走。遗憾的是，在后来的试车过程中，古诺的蒸汽机汽车撞墙而损坏，这也被认为是世界上第一起机动车事故。

蒸汽机汽车虽然存在着速度慢、体积大、热效率低、污染严重等问题，但它在汽车发展史上仍占有重要的一席之地，为现代汽车的诞生奠定了坚实基础。

图1-10 古诺的蒸汽机汽车

四 内燃机的发明

鉴于蒸汽机过于笨重、起动慢和热效率低等问题,在17世纪末就已经有人提出制造内燃机的想法。经过150多年的不懈努力,终于在19世纪中叶,人们看到了内燃机出现的曙光。

1862年,法国工程师罗夏在本国科学家卡诺研究热力学的基础上,提出了四冲程内燃机工作原理:活塞下移,进燃气;活塞上移,压缩燃气;点火,气体迅速燃烧膨胀,推动活塞下移做功;活塞上移,排出废气。四个行程周而复始,推动机器不停地运转。罗夏只是天才地提出了四冲程内燃机理论,而将这一理论变为现实的是德国发明家尼古拉斯·奥托。

1876年,奥托设计制成了第一台四冲程往复活塞式内燃机,如图1-11所示。这台内燃机使用煤气作为燃料,采用火焰点火。它具有体积小、转速快和热效率高等优点,与现代内燃机的原理已经非常接近,是第一台能代替蒸汽机的实用内燃机。为了纪念奥托的发明,内燃机工作过程中的进气、压缩、做功、排气4个行程的循环方式被称为"奥托循环"。

图1-11 奥托发明的四冲程往复式活塞内燃机

煤气机虽然比蒸汽机具有很大的优越性,但在社会化大生产情况下,仍不能满足交通运输业所要求的高速、轻便等性能,因为它以煤气为燃料,需要庞大的煤气发生炉和管道系统,而且煤气的热值低,故煤气机转速慢,功率小。到19世纪下半叶,随着石油工业的兴起,用石油产品取代煤气作燃料已成为必然趋势。

1883年,德国人戈特利布·戴姆勒和好朋友威廉·迈巴赫一起,在奥托四冲程发动机的基础上,使用汽油作为燃料,通过改进开发了第一台汽油机,如图1-12所示。后来他们还制成了世界上第一台轻便小巧的化油器式、电点火的小型汽油机,转速达到了当时创纪录的750 r/min,这也为汽车找到了一种最为理想的动力源。

1897年,德国工程师鲁道夫·狄塞尔摘取了"柴油机发明者"的桂冠,他成功地试制出世界上第一台柴油机，如图1-13所示。1892年，狄塞尔经过多年研究，提出压燃式内燃机原理，为柴油机的诞生奠定了理论基础。后来，狄塞尔经过多年不懈努力，克服了重重困难，终于在一片指责和质疑声中将柴油机变为现实。柴油机是动力工程方面的又一项伟大的发明，它比汽油机油耗低了1/3，是汽车的又一颗机能良好的"心脏"。后人为了纪念狄塞尔的功绩，将柴油机称为"狄塞尔"（英语的"DIESEL"，即为柴油机之意）。

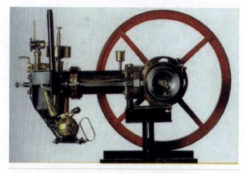 

图1-12　第一台汽油机　　　　图1-13　第一台柴油机

五　第一辆汽车的诞生

世界上最早的实用汽车是由德国的两个工程师同时宣布制成的。卡尔·本茨发明了三轮汽车，戈特利布·戴姆勒造的是四轮汽车，他们二人都被世人尊称为"汽车之父"。戴姆勒与本茨的成功也是"站在巨人的肩膀上取得的"。早在第一辆汽车发明之前，与它相关的许多发明就已经出现了，如充气轮胎、弹簧悬架、内燃机点火装置等。客观地说，汽车并不是哪个人发明的，而是科技进步到一定阶段的必然结果，是许多发明和技术的综合运用。

图1-14　卡尔·本茨的三轮汽车

1. 卡尔·本茨的第一辆汽车

1885年，卡尔·本茨在德国曼海姆制成了世界上第一辆三轮汽车，如图1-14所示，并试驾成功。1886年1月29日，本茨正式取得德国的汽车专利证，这一天也被公认为是汽车的诞生日。

2. 戈特利布·戴姆勒的第一辆汽车

1885年，戈特利布·戴姆勒发明了第一辆四轮汽车，如图1-15所示。戴姆勒是一个机器迷，做过铁匠和车工，也上过几年技术学校。戴姆勒长期担任内燃机发明者奥托领导下的奥托-朗根公司的技术工作者，对奥托内燃机（固定式煤气发动机）的研制做出了重要的贡献。戴姆勒对汽油发动机更感兴趣，认为奥托内燃机虽然质量大、转速低，但只要稍加改动就可装在汽车上使用。然而，奥托却目光短浅，墨守成规，看到当时制造煤气发动机销路比较好，所以不同意改进。

1881年，戴姆勒辞去奥托厂的一切职务，转而与威廉·迈巴赫合作开办了当时的第一家所谓的汽车工厂，开始研究一种"轻便快速"发动机的设计方案。1883年8月15日，他们成功发明了世界上第一台"轻便快速"运转的内燃机。这台发动机每马力（1马力=735.499W）能带动80kg重物，达到了相当高的转速。此时，戴姆勒并没有就此满足，他想创造一种"所有车辆都能使用的自动推进器"。在1885年，他又研制出第二台立式单缸内燃机，功率达到了1.1马力。

图1-15　戈特利布·戴姆勒的四轮汽车

1886年，戴姆勒又将马车加以改善，增添了传动、转向等必备机构，安装上一台1.5马力的汽油发动机，使其成为世界上第一辆没有马拉的"马车"——汽车。这辆车以14.4km/h"令人窒息"的车速从斯图加特驶向康斯塔特。第一辆实用汽车终于诞生了。

第二节　汽车技术发展史

内燃机汽车刚发明时，并没有立即在各种路面行驶车辆中显示出很强的竞争力。蒸汽机汽车有较长的发展历史，比起发展初期的内燃机汽车要完善得多。20世纪初，美国销量最大的还是蒸汽机汽车。当时的蒸汽机汽车车体已经可以造得很小，车架用管型钢，整车总质量只有350kg，行驶速度可达40km/h，运行比当时的内燃机汽车平稳得多。在当时的多次汽车大赛中，都是蒸汽机汽车夺得第一，以致很多人认为蒸汽机汽车会和内燃机汽车有一样的发展前途。但蒸汽机汽车最大的缺点就是起动困难，起动一次需要45min。经过几十年的发展完善，内燃机汽车才在路面车辆中占居了主导地位。

一　内燃机的发展完善

1. 汽油气化与点火

汽油机燃料供给系统的主要作用是将汽油与空气均匀混合形成可燃混合气，供给发动机燃烧做功。其中最重要的混合气装置是化油器或燃油喷射装置。以前的汽油机大多使用化油器，利用化油器使燃油雾化与空气混合。但是，传统的化油器无法精确地获得发动机在不同工况下可燃混合气的空燃比。现代汽车上已大量地被电子燃油喷射（EFI）系统所代替。

所谓电子燃油喷射系统，就是用电脑精确控制发动机每一循环的喷油量。比起传统的化油器，由于EFI系统计量更准确，雾化燃油更精细，控制发动机工作更敏捷，因此，在节油特别是降低排放污染方面，表现出明显的优势。

最早的燃油喷射系统，是1952年由德国博世（Bosch）公司在奔驰300L型赛车上采用的。它是一种曾用于第二次世界大战德军飞机的机械控制式喷射装置。1957年，美国克莱斯勒公司将电子喷嘴首次安装在豪华型轿车上，这是最早的电子控制汽油喷射系统。在电子燃油喷射系统的发展历程中，博世公司作出了很大的贡献。

1967年，博世公司制造出K型机械式燃油喷射系统，由电动汽油泵提供低压燃油，经燃油量分配器输往各缸进气管上的机械式喷油嘴；同年，博世公司制造出D型模拟式电子燃油喷射系统，安装在大众1600型轿车上，率先达到了美国汽车排放法规的要求，打入了美国市场。它的喷油量是由发动机的转速和进气歧管内真空度决定的，开创了汽油喷射系统电子控制的新时代。

❷ 点火装置的发展

点火系统是汽油机上独有的一个系统，它的作用是点燃汽缸内可燃混合气。点火方式从最早的热管式点火、磁电机点火、蓄电池点火，一直发展到现在的电子点火。

最早获得热管式点火专利的是英国人牛顿。热管就是一个从汽缸内伸出的封闭金属管，把它加热到红热状态，由于热管保持高热，当汽缸内混合气被压缩时压力升高，就自行发生点火。

1844年，英国人雷诺茨实现了电火花点火，它是用干电池做电源，点火室内装一根烧到白炽状态的电热铂（白金）丝，利用一个阀门，定时开闭点火室的进气口，可燃混合气接触电热丝而着火燃烧。

1859年，法国人勒诺瓦赫发明了世界上第一只长石质瓷绝缘体制成的电点火火花塞，使电池和感应线圈产生的高压电火花点火在内燃机上获得了实际的使用。

1883年，德国人西弗兰德·马尔库斯用一台低压磁电机代替蓄电池作为点火电源，并且利用机械方法断开装在燃烧室内触点的电源，产生电火花点燃混合气。由于当时电火花靠这种永磁微型发电机产生，因此称之为磁电机点火。

1908年，美国人斯特林试验成功蓄电池点火系统，采用了触点式控制装置。但是随着发动机转速的提高，传统的机械式点火装置越来越不适应发动机的高速运转，容易造成缺火等问题，因此无触点的电子点火装置得到了长足地发展。

1949年，美国的霍利化油器公司首先取得了在点火系统中使用晶体管的电子点火系统专利，减少了断电器触点磨损、氧化、机械损伤。

1971年，克莱斯勒公司在汽车上开始正式采用全晶体管点火装置。

1973年后，克莱斯勒、福特、通用等公司生产的全部汽油车上都以无触点式全晶体管点火装置作为标准装置。目前，汽车发动机点火已经发展到微型计算机控制点火，即点火时间、点火能量都是微型计算机直接控制。

3 内燃机的冷却

内燃机的冷却最初是用一根长而弯的管子让水循环流动来实现的。1901年，迈巴赫发明了蜂窝状的冷却水箱，为高效率的冷却打下了基础。后来采用的水泵强制冷却水循环大大改善了冷却系统的工作效能。它可以有效地避免冷却水因蒸发而造成的损失，同时还可以起到提高冷却水沸点的作用，也就可以使汽车长时间爬坡时避免"开锅"现象发生，大大降低了对发动机零部件的损害，提高了行驶的安全性、平稳性。

4 起动系统

早期的汽车是靠手摇转动曲轴来起动发动机的。这种方式既费力又不方便，需要有两个人配合。最初消除手摇起动的设想是将压缩空气按点火顺序依次送进各缸以使曲轴转动。压缩空气是靠发动机以前工作时带动一个气泵而储存的，除了用于起动发动机外，还可给轮胎充气及带动千斤顶工作。但是这种起动方法并不成功。

1917年，美国凯迪拉克公司研制了第一个电起动器，它是用一个小电动机带动与曲轴相连的飞轮转动来起动发动机的。这项发明的关键在于认识到电动机能在瞬时超负荷运转，所以一个小电动机就可以带动曲轴转动至发动机点火起动，这是由凯特林研究发现的。

5 润滑系统

早期的汽车发动机润滑大多采用"全失"润滑系统。机油送到发动机的工作部件，进行润滑，使用后的机油就白白地流到地上浪费掉。现代汽车广泛采用的是压力飞溅润滑系统，在采用了压力润滑后，发动机寿命大大提高。

6 气门的布置

1930年以前的发动机，大多数采用侧置式气门的设计方案。随着发动机转速的提高，逐步采用顶置式气门（成为一种设计标准）。其优点是可使气门的动作加快，减少气门阻力，以便更好地进行换气，还可使燃烧室的设计更加紧凑。

二 发展完善的底盘系统

1 传动系统

本茨的汽车，从发动机到驱动车轮采用传动带传动，后来又出现了链条。在挠性连接部件出现以后，即传递动力的两部件之间允许有位置和距离的变动，才普遍采用了传动轴接锥齿轮的传动方式。

1893年，美国的杜里埃兄弟在汽车上首先使用了干式单片离合器，同时采用了差速器后桥。

1894年，法国的本哈特和拉瓦索发明了齿轮变速器。

1898年，法国雷诺汽车公司首先使用了传动轴。

1902年，皮尔里斯发明了汽车万向节。

1913年，美国的派克特汽车推广应用了弧齿锥齿轮（又称螺旋锥齿轮）主减速器后桥，之后又采用了准双曲面齿轮（又称双曲线齿轮）主减速器。

1929年，美国凯迪拉克公司首先研制出同步器，它是通过同步器中锥面相互摩擦使两个齿轮转速相同时才允许啮合，换挡时既轻便又不打齿，换挡时间也大大缩短。

1948年，别克轿车采用了与行星齿轮机构组成一体的液力变矩器，这就是现在液力自动变速器的原型。

❷ 制动系统

汽车制动器开始是照搬马车上的结构，即用驻车制动带动一个单支点的摩擦片来抱住后轮。但是汽车所需的制动力要比马车大得多，而且汽车倒车时这种制动器常常失灵。1914年开始出现轮内鼓式制动器。

1902年，美国的奥兹发明了钢带与鼓式制动器，后来许多汽车都采用了这种制动器。

1903年，美国的廷切尔汽车采用了气压制动器。

1907年，英国的弗罗特发明了石棉制动蹄片。

1919年，法国海斯柏诺-索扎公司制成用脚踏板统一控制的四轮鼓式制动器，并由变速器驱动一个机械伺服机构来增加制动力，使制动效果大为改善。

1921年，美国的杜森伯格公司又推出了液压助力器，由一个主液压缸来放大制动力。以后又出现了气动助力的制动器。制动装置逐渐形成了行车制动控制车轮制动，驻车制动控制传动轴制动的普遍的结构形式。

1928年，皮尔斯·阿罗汽车第一次装用真空助力制动器。它利用进气歧管的真空度以降低驾驶和作用于制动器上的操作力。

1958年，英国道路研究所研制出第一个防抱死制动装置。

❸ 行驶系统

（1）轮胎。初期的汽车采用的是自行车所用的辐条式铁制车轮，外套实心橡胶轮。采用这种实心车轮，当车速超过16km/h时，车就会跳起来，使驾驶人和乘客颠簸得无法忍受。

1895年，法国的米其林兄弟制造出了用于汽车的充气轮胎，改善了汽车的舒适性。这种轮胎分为内胎和外胎两层，外胎中用金属丝予以加固，从而使轮胎寿命大大增长。

1946年，米其林公司发明了子午线轮胎（图1-16），大大改善了轮胎的使用性能。

1948年，美国古德奇公司发明了汽车无内胎轮胎，也就是现在轿车广泛应用的"真空胎"。

（2）悬架。汽车最早采用的是钢板弹簧非独立悬架。

1900年，美国人哈德福特制成了第一个汽车减振器，并将它装在奥兹莫比尔轿车上。

1921年，英国的利兰德汽车公司生产出第一个使用扭杆弹簧悬架的汽车。

1933年，美国的费尔斯通公司研制成了第一个实用的空气弹簧悬架。同年，门罗公司为赫德森轿车研制双向筒式液压减振器。直到现在，这种筒式减振器也没有很大改变。

1934年，通用汽车公司采用了前螺旋弹簧独立悬架。

1938年，别克汽车第一次将螺旋弹簧应用到汽车后悬架上。

1950年，福特汽车公司的麦弗逊制成了麦弗逊式独立悬架（图1-17），是现代轿车上应用较多的悬架形式。

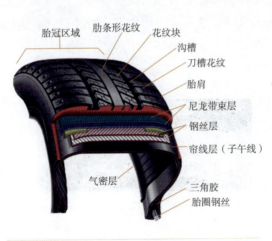

图1-16 子午线轮胎结构

图1-17 典型的麦弗逊式独立悬架

1984年，林肯轿车采用了可调整的空气悬架系统，从此电控悬架在汽车上开始采用。

4 转向系统

本茨在他发明的三轮汽车上，首先采用了齿轮齿条式转向器，是靠一根操纵杆控制方向。

1908年，福特T型汽车采用了行星齿轮转向器。

1923年，美国的马尔斯采用了滚珠蜗杆式转向器，这便是最早的循环球式转向器。

1954年，液压动力转向器应用于凯迪拉克轿车上。

1966年，美国轿车上开始采用可伸缩的转向柱。

第三节 汽车趣事

一、世界汽车之最

1. 世界上最贵的轿车——"银色魔鬼"

1904年，英国劳斯莱斯汽车公司开始生产汽车，并于1907年成功制造出一辆名为"银色魔鬼"的四座位敞篷房车（图1-18），此车目前仍然可以行驶，但已经被收藏于"劳斯莱斯"博物馆内。关于它的价值是时常被人们谈到的，说法也很多，最低的说到25万英镑，然后是500万英镑、1500万英镑、2000万英镑，1990年，劳斯莱斯官方估价为8000万美元，1994年英国汽车收藏家尼古拉斯·哈利愿出1.066亿英镑收藏此车，但劳斯莱斯公司拒绝了他，所以又爆出"银色魔鬼"价值超过1亿英镑之说。

2. 最早在月球上行驶的汽车

1971年7月26日，美国"阿波罗15号"宇宙飞船把三名宇航员斯科特、沃登和欧文连同一辆"巡航者1号"登月车（图1-19）送上月球，这是人类历史上行驶在月球表面的第一辆汽车。7月30日到达月球，两名航天员在月球表面驾驶登月车活动。他们在月球表面逗留大约66h。同时，还首次在环月轨道上发射一颗环月飞行的科学卫星。

图1-18 1907年的劳斯莱斯"银色魔鬼"

图1-19 巡航者1号

3. 世界上最早的汽车试车者

图1-20 贝尔塔与本茨

"奔驰1号"获得专利后，由于汽车常常抛锚，受到不少冷嘲热讽，因此本茨本人不愿在公开场合驾驶它上街。在本茨事业遭受挫折时，总是全力支持他的妻子贝尔塔（图1-20）再一次用行动给了丈夫信心。1888年8月的一个清晨，这位勇敢的女性，带着两个儿子从曼海姆出发，试行了144km到达娘家普福尔茨海姆，成为世界上第一个试车者和女驾驶人。由于车行驶至维斯洛赫时，他们向一家药店要过一些汽油和水，有人戏称，这里是世界上第一个汽车加油站。

4 世界上最长的轿车

1987年，美国人伯班克市杰·奥尔伯格设计出了世界上最长的汽车（图1-21），名为"美国之梦"。这是一辆高档轿车，长度为30.5m，有26个车轮，看起来简直像一列小火车。这辆轿车内有6部高科技电话、一套卫星天线、一个小型的高尔夫球场。更为奇特的是，轿车的尾部有一个小型的游泳池，游泳池的盖子上带有直升机的降落缓冲垫，可以让直升机在轿车顶部直接停靠。

图1-21　世界上最长的汽车"美国之梦"

5 世界上第一辆摩托车

1883年，戈特利布·戴姆勒发明了世界上第一台高压缩比的内燃发动机，成为现代汽车发动机的鼻祖。1885年，戴姆勒把自己研制的功率1.1马力的发动机装在一辆木制自行车上，制成了世界上第一辆摩托车，如图1-22所示。

6 世界上最小的车

世界上最小的轿车——Peel 50。这辆三轮迷你车长度为1.34m，宽度为0.99m，仅重59kg，只有一个车门和一个车灯，当然它小到只能坐一名成年人。Peel 50有一个49cm^3的单缸发动机，1L油可以行驶40km。

Peel 50是20世纪60年代Manx Peel公司推出的老车，不过现在还在销售，售价是3.5万~5万英镑，你也可以开着它作为代步工具，小是小了点，至少停车非常容易，因为你甚至可以用手拉着它走，和现在大个的行李箱体积差不了多少，如图1-23所示。

图1-22　世界上第一辆摩托车

图1-23　世界上最小的车

7 世界上第一本《交通规则》

1903年，美国的波斯特·伊诺在所著的《论交通规则》一书首次提出要设立带状人行通道,并指出车辆应靠右行驶等规则,在这些原则的指导下,道路法规逐步建立起来。

❽ 世界上第一辆越野车

图1-24 Jeep威利斯

1940年,进入全面战时动员的美国军方开始向全美汽车制造商征招"低车身侦察车",一家称为班特姆的小公司利用各种市售件拼装出一辆样车并一举中标。由于班特姆公司无力批量生产该车,美国陆军把生产任务交给了威利斯-奥佛兰德公司,这种临时拼装起来的吉普车因其四轮驱动、爬坡能力极强的特点成为"盟军制胜法宝"和战后受欢迎的车种如图1-24所示。

❾ 最快的汽车速度

2010年,英国工程师研制出一辆超音速汽车,该车速度达到1600km/h。这款名为"寻血猎犬"的超音速汽车(图1-25),配备一台"台风"歼击机的发动机和一枚"猎鹰"火箭。英国空军飞行员安迪·格林驾驶这辆"猎犬超音速汽车"搭载新型歼击机发动机,在车辆加速至500km/h后,位于车顶的一种混合火箭发动机将继续为车辆加速,直至最终的极速。"寻血猎犬"的最大功率为10000kW,相当于180个一级方程式赛车的功率。

图1-25 超音速汽车

然而,内燃机汽车的最高车速是由迈凯伦F1车手安迪·华莱士,于1998年在德国的沃尔夫堡的大众汽车试验场创造的,达到386.7km/h。

二 道路交通管理趣事

❶ 右行左行趣闻

汽车究竟是靠右行还是靠左行?并非一开始就固定了,而是长期演变的结果。在古时,无论中外,道路行走的规范都是相当地方化的。但道路延长,交往扩大,地方性习惯区域化,区域化习惯变成全国性规范。这一时期,世界上较多被采用的,恰是与现在完全相反的靠左行。

按照英国人的说法,他们靠左行可上溯到古罗马帝国。而在中世纪的欧洲,到底靠左还是靠右,最先根据的是骑士们的习惯。一则,人们骑马,习惯是左脚先上镫,右脚再跨上,自然得是在路左上马;再则,骑士经常为面子、美人策马持矛决斗,而骑士的标准战斗姿势是右手持武器,左手挽盾持缰,要方便地刺杀对手,自然得靠在路左。

日本靠左行的历史缘由与此类似,武士虽不为美人决斗,但和欧洲的骑士一样经常面临决斗。武士长刀在左侧,便于右手拔剑,身体左边是脆弱的空当,自然靠左行才能掩护空当,便于攻击防守,武士靠左走,老百姓不敢右行迎头冒犯,遂举国"咸于左派"。

目前,世界上多数国家靠右行驶的缘由还得从拿破仑说起。法国大革命前,法国贵族的马车同样也是习惯左行。在受尽压迫的底层人民看来,"靠左行"意味着贵族与特权,而"靠右行"则带有"革命"的意义。于是,法国大革命了,车辆右行了。拿破仑上台后,发动了征服欧洲的战争。法国占领了哪里,就把靠右行的规则带到哪里。

在英国众多的殖民地里,美国是个例外。由于美国经过与英国长年战争才有了国家独立,而法国在其中多少给予了一定帮助,为彻底与英国划清界限,美国在建国伊始便将道路交通的"左派"改为"右派"。

由战争原因改变"左右阵营"的不仅仅是美国,匈牙利、奥地利、捷克就是在第二次世界大战中被德国占领才改为靠右行驶的。

当美国加入到"右倾"阵营后,"左右"的力量对比开始发生明显改变。众所周知,由于汽车驾驶观察路况的需要,靠右行驶和靠左行驶决定了"左驾车"和"右驾车"之别。美国是现代汽车工业的发祥地,美国的"左驾车"源源不断地倾销世界各地,它在相当程度上决定了很多国家靠左走还是靠右走的问题。

中国便是个典型的例子,1945年以前,中国的汽车一律是靠左行驶的。这是因为当时的中国主要处于英国势力范围内。抗战胜利后,美国汽车开始大量进入中国,国民政府下令从1946年1月1日开始,汽车一律靠右行。

瑞典原先是汽车靠左行国家,并曾为"左右"问题进行了公民投票,结果超过80%的国民不同意改革。不过,瑞典国会铁了心要解决和邻国之间的交通问题,甚至动用了军队来维持交通秩序。在这样的强力推行下,瑞典终于改革成功。

相比之下,巴基斯坦就没这么幸运了。20世纪60年代,巴基斯坦政府终于下决心改革,但政府的想法却遭到了很多人的反对,其中最大的反对声音居然是因为骆驼。在巴基斯坦,有很多的骆驼车,而骆驼都有走老路的习惯,指望这些倔强的家伙改变行路习惯几乎是不可能的。于是,巴基斯坦政府只好向骆驼投降。

2 马路的由来

马路起源于法国。马路,全称为马克丹路,马字是外来名词的音译的简称,而不是指汉语中牲畜意义的马。当商品经济在法国还处于萌芽阶段的时候,来往于巴黎、里昂的车辆日渐增多，而道路坑洼难行，下雨时，道路更是泥泞不堪。法国工程师皮尔·马克丹因此对道路进行了改造，他把路面由水平改为拱形，并用沙石加面，在两边开挖排水沟，从而开创了现代公路的雏形。为了纪念这位发明人，法国就把修有排水系统的拱形公路称为马克丹路，而且这种路很快被许多国家推广。后来马克丹路被简称为马路。

3 交通信号灯

19世纪初，在英国中部的约克城，红、绿装分别代表女性的不同身份。其中，着红装的女人表示已结婚，而着绿装的女人则是未婚者。后来，英国伦敦议会大厦前经常发生马车轧人的事故，于是人们受到红绿装的启发，发明了信号灯。1868年12月10日，信号灯家族的第一个成员就在伦敦议会大厦的广场上诞生了，它是由英国机械师德·哈特设计的。该信号灯的灯柱高7m，柱上挂着一盏红、绿两色的提灯——煤气交通信号灯，这是城市街道的第一盏信号灯。

在灯的脚下，一名手持长杆的警察牵动皮带负责转换提灯的颜色。后来，信号灯的中心装上了煤气灯罩，它的前面有红、绿两块玻璃交替遮挡。不幸的是，只面世23天的煤气灯突然爆炸，使一位正在值勤的警察也因此断送了性命。

从此，城市的交通信号灯被取缔了。直到1914年，在美国的克利夫兰市才又恢复了红绿灯的使用，不过，这时的信号灯已是"电气信号灯"。不久后，在纽约和芝加哥等城市也相继重新出现了交通信号灯。

随着各种交通工具的发展和交通指挥的需要，第一盏名副其实的三色灯（红、黄、绿三种颜色）于1918年诞生。它是一个三色圆形四面投影器，被安装在纽约市五号街的一座高塔上。它的诞生，使城市交通状况大为改善。

黄色信号灯的发明者是我国的胡汝鼎，他怀着"科学救国"的抱负到美国深造，在大发明家爱迪生为董事长的美国通用电器公司任职员。一天，他站在繁华的十字路口等待绿灯信号，当他看到绿灯而正要过去时，一辆转弯的汽车"呼"地一声与他擦身而过，把他吓得出了一身冷汗。回到宿舍，他反复琢磨，终于想到在红、绿灯中间再加上一个黄色信号灯，提醒人们注意危险。他的建议立即得到有关方面的肯定。于是，红、黄、绿三色信号灯即以一个完整的指挥信号家族，遍及全世界陆、海、空各个交通领域了。

中国最早的公路红绿灯于1928年出现在上海的英租界。从最早的手牵皮带控制到20世纪50年代的电气控制，从采用计算机控制到现代化的电子定时监控，交通信号灯在科学化、自动化上不断地更新、发展和完善。

4 路标的来历

最早的路标是在汽车运输发展初期出现的。最早的路标设置在巴黎的街道上，那还是1903年的事。当时的9种路标均呈正方形，并均为在黑底上绘白色图案。这些路标十分醒目,人们从远处就可以看清楚。1927年,苏联规定了第一批6种路标。随后,路标的数目不断增加。为了适应汽车运输量的迅猛增大,苏联在1980年把路标的总数扩大为154种。

1968年,在维也纳缔结了关于公路标志和信号的国际协定,世界上大多数国家都签署了这一协定。这项协定规定使用带图案的路标,而摒弃牌子上写字的路标。这是因为带图案的路标可一目了然,驾驶人易于识别,而牌子上写字的路标需要一定的阅读时间,尤其是在夜晚或是在坏天气里,驾驶人往往不易看清楚。

美国没有在协定上签字。在美国的公路上可以看到这样的路标"这不是那条路!向后转!",或是"此桥40年未修,行车危险!"。

5 汽车驾驶考试轶闻

法国是世界上最早进行汽车驾驶考试和颁发驾驶证的国家。1892年,法国政府颁布实施了《巴黎警察条例》,第一次在条例中规定了"凡年满21岁以上的成年人,且通过资格考试并获得驾驶证后,可以在公路上驾车行驶"。当时考试的内容涉及驾驶技术、发动机构造原理和维护技术等方面,所颁发的驾驶证上记录着所有者的姓名、车辆种类以及编号等,还贴有所有者的照片,同时要求驾车人必须随身携带,以备检查。到1898年10月底,巴黎地区共有1795人获得了驾驶证。后来,美国、英国、德国等国纷纷效仿法国,把驾驶考试和颁证纳入日常交通管理范围。

第二章 著名汽车公司与品牌

学习目标

通过本章的学习，你应该：

1. 了解德国著名汽车公司与品牌；
2. 了解法国著名汽车公司与品牌；
3. 了解美国著名汽车公司与品牌；
4. 了解日本著名汽车公司与品牌；
5. 了解意大利著名汽车公司与品牌；
6. 了解其他国家著名汽车公司与品牌。

第一节 德国著名汽车公司与品牌

一、戴姆勒-奔驰汽车公司

戴姆勒-奔驰汽车公司的创始人是卡尔·本茨和戈特利布·戴姆勒，公司总部设在德国的斯图加特市，它的前身是1886年成立的奔驰汽车厂和戴姆勒汽车厂。1926年两厂合并后，称为戴姆勒-奔驰汽车公司，成为强强联合的首创者。现在，奔驰汽车公司除以高质量、高性能豪华汽车闻名外，它也是世界上最著名的大客车和重型载货汽车的生产厂家。1998年，与美国的克莱斯勒公司合并成"戴姆勒-克莱斯勒"公司。2007年5月18日，戴姆勒-克莱斯勒集团证实，戴姆勒与克莱斯勒两集团再度分家。

今天人们往往不把奔驰汽车称戴姆勒-奔驰，更多人称它梅塞德斯-奔驰（Mercedes-Benz）。那么梅塞德斯的名字来历是什么呢？其实"梅塞德斯"是一个奥地利小女孩（图2-1）的名字。梅塞德斯的父亲是一位奥地利商人，叫艾米尔·耶利内克。梅塞德斯是一个西班牙高雅的女性名称,原意是优美、慈悲。

1900年戴姆勒公司与耶利内克签署协议,耶利内克向戴姆勒公司订购36辆总值为55万马克的汽车(相当于今天的250万欧元),而后,他又订购了36辆。但是,他有一个要求,戴姆勒车的名字,用法语说,鼻音太重,显得很笨拙,很难入耳。而梅塞德斯这个名字,法国人很熟悉,听起来也很令人赏心,显得高雅。鉴于这么一大笔生意,于是,戴姆勒公司同意专门为耶利内克开发新的汽车,并且命名为梅塞德斯。耶利内克从此被称为"梅塞德斯之父",由此开始了梅塞德斯车的历史。

图2-1 梅赛德斯

戴姆勒-奔驰汽车公司成立后,所用商标是将原戴姆勒汽车公司商标和奔驰汽车公司商标进行了综合(图2-2),在两个嵌套的圆中含有一颗三叉星,"MERCEDES"字样在上,"BENZ"字样在下,两者之间用月桂枝树叶相连。

现在,戴姆勒-奔驰汽车公司和汽车商标是简化了的形似转向盘的一个环形圆包围着三叉星商标,如图2-3所示。

a) 原戴姆勒汽车商标　　b) 原奔驰汽车商标　　c) 综合后的戴姆勒-奔驰汽车商标

图2-2 戴姆勒-奔驰汽车商标的演变　　　　图2-3 奔驰汽车三叉星商标

二 大众汽车公司

德国大众汽车公司创建于1937年5月,是德国最大的汽车生产集团,创始人是费迪南德·波尔舍。1938年,大众汽车新厂在沃尔斯堡奠基,由波尔舍主持建设,并于1939年建成。目前,大众汽车公司旗下拥有大众、奥迪、宾利、保时捷、斯柯达、西亚特、兰博基尼和布加迪等汽车品牌。

图2-4 大众汽车商标

大众汽车公司的德文是"Volkswagenwerk",意为大众使用的汽车,图形商标(图2-4)是德文单词中的两个字母V和W的叠合,并嵌套在一个圆内,也标志着由中指和食指做出的"V"组成，表示大众公司及其产品必胜—必胜—必胜。

三 奥迪汽车公司

1899年，奥古斯特·霍希在科隆创建了霍希（HORCH）汽车公司。后来，由于企业管理阶层矛盾日益扩大，霍希在1909年6月不得不离开自己创办的汽车公司。1910年，霍希又创建了第二家霍希汽车公司，但遭到原公司的控告，法院裁定新建的汽车公司必须更名。最后，霍希不得不将德文霍希翻译成拉丁文奥迪（Audi），并开始以奥迪之名推出各系列汽车。

1932年，由奥迪、霍希、旺达尔、DKW四家公司合并组成汽车联盟公司，奥迪汽车商标（图2-5）采用了四连环图案。这四个相同紧扣着的圆环，象征公司成员平等、互利、协作的密切关系和奋发向上的创业精神。

图2-5 奥迪汽车商标

1958年，汽车联盟公司被戴姆勒-奔驰汽车公司收购。1964年又被转卖给大众汽车公司。1969年，大众汽车公司买下德国的纳苏汽车公司，汽车联盟公司改称为奥迪纳苏汽车联合公司。1985年，又更名为奥迪汽车公司，商标未变。奥迪汽车公司生产的轿车有奥迪A4、A6、A8等车型。

四 宝马汽车公司

1916年，卡尔·拉普和马克思·弗里茨在德国慕尼黑建立了巴依尔发动机公司（Bayerische Motoren Werkbag，BMW），1918年更名为宝马汽车公司。20世纪50年代，宝马汽车公司经营十分困难，险些被当时强大的奔驰汽车公司收购而成为奔驰的一员，好在德国匡特家族收购了宝马汽车公司46%的股份成为最大股东，坚持自我发展的道路，避免了宝马品牌的沦落。此后，宝马汽车公司相继收购了英国路虎、劳斯莱斯和迷你（MINI），成为一个后起的跨国大公司。2003年3月，宝马汽车公司将旗下的路虎公司以1美元的价格出售给了美国福特汽车公司。

宝马汽车的车身造型具有鲜明的特色，圆形灯具配以矩形散热器通风格栅形成与众不同的"双肾"风格。宝马轿车坚持自己的传动系统风格，所有的宝马轿车都采用后轮驱动，前轮主要负责转向，后轮主要负责驱动，以达到前后轮各50%的载荷分配，在高速转弯、直行性能等行驶方面优于前轮驱动的汽车。

宝马汽车商标（图2-6）是在双圆环的上方标有BMW字样，这是宝马汽车公司全称的缩写。商标内圆为蓝白两色相间

图2-6 宝马汽车商标

的螺旋桨图案，代表在蓝天白云和广阔时空旅途中运转不停的螺旋桨，象征该公司过去在航空发动机技术方面的领先地位，又象征着公司在广阔时空旅途中，以创新的科技、先进的观念，满足消费者最大的愿望，反映了宝马汽车公司蓬勃向上的气势和日新月异的面貌。

五 保时捷汽车公司

保时捷（PORSCHE）汽车公司成立于1930年，创建人是费迪南德·波尔舍，总部设在斯图加特市。该公司生产的跑车和赛车在世界上很有名气。

从1923年波尔舍出任戴姆勒汽车公司首席设计师起，他就一直想制造出属于自己的高性能跑车，但愿望一直未能实现。谁知一个不幸的机会促成了第一辆保时捷跑车的问世。1945年波尔舍被捕，其子费利·波尔舍急需资金用以营救父亲，于是接受了意大利富商杜西欧的要求为其制造赛车。设计师卡尔拉比与费利联手，于1947年7月完成图纸设计，1948年6月8日，一辆带有保时捷标志的西斯塔利亚跑车终于问世了，当年，又造出了保时捷356跑车，1963年费利的长子亚历山大·费迪南德·波尔舍又推出保时捷911跑车。费迪南德·波尔舍以及他的儿子费利·波尔舍、孙子费迪南德·亚历山大·波尔舍都堪称是汽车设计大师，他们三代人推出的跑车和赛车风靡全世界。

保时捷汽车商标（图2-7）由文字商标"PORSCHE"和图形商标（斯图加特盾形市徽）两部分构成，月形"PORSCHE"字样在商标最上方，市徽中的"STUTTGART"说明保时捷汽车公司总部设在斯图加特市，商标中间是一匹骏马，表示斯图加特这个地方盛产一种名贵骏马，商标的左上方和右下方是鹿角的图案，表示斯图加特曾是皇家的狩猎地，商标的右上方和左下方有黑色、红色和金色的条纹，黑色代表肥沃的土地，红色象征着人们的智慧和热情，黄色代表成熟的麦子。该标展现了保时捷汽车公司美好的未来。

图2-7 保时捷汽车商标

六 欧宝汽车公司

1862年，阿德姆·奥贝尔在吕塞尔海姆创建了欧宝（OPEL）公司，曾译为奥贝尔公司。公司最初生产缝纫机、自行车，1897年开始生产汽车。1924年，公司建成德国第一条生产汽车的流水线，1929年，成为美国通用汽车公司的子公司。当前，已经畅销全球的欧宝欧米伽（Omega）、维达（Vectra）、议员（Senator）、雅特（Astra）等轿车在世界各地的各种权威轿车评选中获得多项大奖，这也是对欧宝轿车长期以来所坚持的科技创新和精良工艺的最好肯定。

欧宝汽车商标（图2-8）由图案和文字组成。图案是震撼世界的闪电，像闪电一样划破长空，代表公司的技术进步和发展。文字是创始人的姓氏"OPEL"。

七 迈巴赫汽车公司

迈巴赫（MAYBACH）品牌首创于20世纪20年代，现属于戴姆勒-奔驰的豪华品牌。其前身是巴赫发动机制造厂（Maybach-Motorenbau），创始人是被誉为"设计之王"的威廉·迈巴赫。威廉·迈巴赫不但是戴姆勒-奔驰公司的三位主要创始人之一，更是世界首辆梅赛德斯-奔驰汽车的发明者之一。1919年，难舍汽车梦想的威廉·迈巴赫与其子卡尔·迈巴赫共同缔造了"迈巴赫"这一传奇品牌。

具有传奇色彩的迈巴赫品牌标志（图2-9），由围在一个球面三角形里的2个交叉的M组成。品牌创建伊始的2个M代表的是"Maybach-Motorenbau"的缩写。

图2-8　欧宝汽车商标　　　　图2-9　迈巴赫标志

第二节　法国著名汽车公司与品牌

一 标致-雪铁龙汽车公司

1 标致品牌

自德国人发明汽车后，法国汽车工业的先驱者们迅速地制造汽车，完善汽车结构，创建汽车公司。1890年，法国人勒内·本哈特、埃米尔·拉瓦索和阿尔芒·标致制造了法国第一辆汽车，开创了法国汽车工业的先河。1896年，标致在蒙贝利亚尔省创建了标致（PEUGEOT）汽车公司。该公司生产的主要车型有标致106、标致205GT、标致309GR、标致405、标致505、标致407等，我国引进生产的车型是标致206、标致207标致307、标致308、标致408和标致508等，并且标致508是2011年和法国同步生产的高端车型。

标致汽车商标（图2-10）是雄狮。雄狮图案是蒙贝利亚尔省创建人标致家族的徽章。据说,标致的祖先曾到美洲探险,在那里见到了令人惊奇的动物——狮子,于是就用狮子做家族的徽章,后来又成为蒙贝利亚尔省的省徽。雄狮商标最初只用于锯条,1880年演变为标致公司的唯一商标,目前采用的是前爪伸出做拳击状的立狮图案。雄狮商标既突出了力量,又强调了节奏,富有时代感,喻示着标致汽车像雄狮一样威武、敏捷,永远保持旺盛的生命力。

❷雪铁龙品牌

1912年,安德烈·雪铁龙创建了以自己姓氏命名的雪铁龙齿轮公司,1919年开始生产汽车并更名为雪铁龙汽车公司。由于雪铁龙汽车公司的前身是雪铁龙齿轮公司,所以雪铁龙汽车商标(图2-11)是人字形齿轮的一对轮齿,象征人们密切合作,同心协力,步步高升。

图2-10　标致汽车商标

图2-11　雪铁龙汽车商标

1976年,标致汽车公司与雪铁龙(CITROEN)汽车公司合作,成立了标致-雪铁龙汽车公司。1980年,改名为标致-雪铁龙集团(PSA),包括标致汽车公司、雪铁龙汽车公司和塔伯特汽车公司。

二　雷诺汽车公司

雷诺(RENAULT)汽车公司由路易斯·雷诺与其兄菲尔南德·雷诺于1898年在法国比杨古创建,并以创始人姓氏命名。雷诺汽车公司生产的主要车型有阿尔平(Alpine)、埃斯帕斯(Espace)、梅柑娜(Megane)、风景(Scene)等。

雷诺汽车商标(图2-12)为菱形图案,象征雷诺三兄弟与汽车工业融为一体,表示雷诺汽车公司能在无限的空间中竞争、生存、发展。

图2-12　雷诺汽车商标

第三节　美国著名汽车公司与品牌

一、通用汽车公司

通用汽车公司创建于1908年，总部设在美国底特律市，创始人是威廉·杜兰特。通用汽车公司是全球最大的汽车制造商，在世界范围内设计、制造和销售各种轿车和载货汽车。通用汽车公司的标志如图2-13所示。

威廉·杜兰特（1861—1947年）被认为是世界汽车发展史上的一位传奇人物。当他看到了汽车的发展前景时，果断地利用自己手中掌握的巨额资金，创建了今天名震全球的通用汽车公司。他是一个超级的推销员、一个不知疲倦的经营者、一个白手起家的百万富翁。可惜由于过分扩张，杜兰特让通用多次陷入困境，他也两次被迫离开亲手建造的通用，不过他还是给后人留下了一家大汽车公司的雏形。

图2-13　通用汽车公司的标志

1886年，杜兰特在底特律市附近的弗林特开设了马车厂，该厂很快成为全美最大的马车制造商。

1904年，别克汽车公司经济陷入困境，杜兰特预感到这是一个涉足汽车制造业的天赐良机，他果断地拿出巨款买下了别克汽车公司，他被选为别克汽车公司的董事长。别克汽车公司是杜兰特在世界汽车工业成名的起点。

1908年，杜兰特以别克汽车公司为核心创建了通用汽车公司。仅过两年，通用汽车公司就出现了严重的资金困难。董事会接受了通用汽车公司举债的请求，也提出杜兰特必须辞职的要求，于是，他被迫离开了通用汽车公司。

1911年，他和路易斯·雪佛兰创建了雪佛兰汽车公司，获得了巨额利润。另外，由于美国化工大王皮埃尔·杜邦的财力支持，1916年，杜兰特秘密买下了通用汽车公司的大部分股权，重新控制了通用汽车公司。1916年6月，杜兰特再次出任通用汽车公司的总经理。在重新获得了通用汽车公司领导权后，杜兰特完全凭个人力量经营公司，由于他只热衷于公司规模的扩大，忽视了公司的管理和生产水平的提高，导致旗下分公司各自为政，产品重复。杜兰特的这一系列失误，最终导致通用汽车公司在1920年再次出现严重危机，他也再次被迫离开了通用汽车公司，并彻底离开了汽车界。后来，杜兰特在默默无闻中度过了晚年。

杜兰特创建了通用，通用也险些毁于他的手中。杜兰特的失败，表明了管理是现代企业的生命。将先进的管理经验和方法带给通用，使通用一举成为世界上最强的汽车公司的人正是阿尔弗莱德·斯隆。

阿尔弗莱德·斯隆（1875—1966年）在通用汽车公司处于困境时，励精图治，为公司构筑起一套完整的组织机构和管理制度，挽救并发展了通用汽车公司。斯隆有"世界上最伟大的CEO"之称。

1923年5月，面对通用汽车公司的内忧外患，董事长杜邦将自杜兰特离职以后自己兼任的公司总经理大权交给了斯隆。后来的实践证明，这是通用汽车公司发展历程中的英明决策。

斯隆任职期间，针对通用汽车公司的情况提出了"分散经营和集中协调相结合"的管理方式。根据市场的变化，他又提出了"分期付款，旧车折旧，年年换代，密封车身"四项原则。斯隆也是最先指出汽车不再仅仅是一种普通交通工具，还将体现人们对魅力、式样和舒适性的追求。因此，汽车厂家必须重视汽车的各个方面，使自己的产品满足消费者个性的需求。

在斯隆的卓越领导下，通用汽车公司迅速超过竞争对手，在1927年跃升为美国和世界最大的汽车公司，直至今日。

通用汽车公司的主要市场包括北美、欧洲、亚太地区、拉美、非洲和中东，其中最大的是北美市场。通用汽车自1931年起就成为全球汽车企业的领导者。通用汽车旗下的汽车品牌包括：凯迪拉克、雪佛兰、别克、吉姆西、悍马、庞蒂克、土星、欧宝、萨博、霍顿和大宇等，其中前七个品牌是美国本土品牌。

1 凯迪拉克品牌

凯迪拉克（CADILLAC）品牌原是凯迪拉克汽车公司的品牌。凯迪拉克公司建立于1902年，创始人是亨利·利兰德。1909年，凯迪拉克汽车公司加入了通用汽车公司。凯迪拉克汽车公司成立时选用凯迪拉克作为公司的名称，是为了向法国的皇家贵族、探险家安东尼·门斯·凯迪拉克表示敬意，因为他在1701年建立了底特律市。

凯迪拉克汽车商标（图2-14）上为冠、下为盾，周围为郁金香花瓣构成的花环。冠上的7颗珍珠显示出了皇家贵族的尊贵血统，盾象征凯迪拉克军队的英勇，花环表示荣誉，喻示着凯迪拉克牌汽车的高贵和气派。进入21世纪，凯迪拉克使用了新版商标，色彩更明快，轮廓更鲜明。

a)旧版商标

b)新版商标

图2-14 凯迪拉克汽车商标

2 雪佛兰品牌

雪佛兰（CHEVROLET）品牌原是密执安雪佛兰汽车公司的品牌。密执安雪佛兰汽车公司建于1911年，创始人是威廉·杜兰特和瑞士的路易斯·雪佛兰。1918年5月，雪佛兰汽车公司并入通用汽车公司。

雪佛兰汽车商标（图2-15）是雪佛兰公司的创始人之一的杜兰特在看报纸时设计的这个图案，他又从巴黎酒店的墙上获得灵感，受到法国古老壁画的启发，对商标图案进行了简化，并于1914年首次使用。在西方社会里，领结是人人喜爱的饰物，不但体现着大众文化，更标志着贵族的气派。

克尔维特（Corvette）是雪佛兰分部生产的高级跑车。克尔维特这个名字来源于欧洲16世纪和17世纪流行的一种轻型护卫舰。第一代克尔维特于1953年问世，是设计师哈里·厄尔设计的。1957年，厄尔设计出独特的"鲨鱼嘴"散热器格栅，前照灯采用暗藏式。1963年，比尔·米切尔又设计出新款克尔维特。自克尔维特诞生那天起，就以超凡的魅力、独一无二的款式而畅销全世界，是美国汽车工程艺术领域的代表之一。

克尔维特汽车新商标（图2-16）是交叉的两面旗子。那面黑白相间的旗子，表示该车是参加汽车大赛的运动车；那面红色旗子上的蝴蝶领结商标，表示该车由雪佛兰分部制造；另一个奖杯图案表示在赛车运动中取得的优异成绩。

图2-15 雪佛兰汽车商标　　　　图2-16 克尔维特汽车新商标

3 别克品牌

别克（BUICK）汽车公司建于1903年5月，公司创建不久就陷入困境，创始人是大卫·别克。后来在威廉·杜兰特的资助下，公司才兴旺起来。1908年，杜兰特以别克汽车公司为中心建立了美国通用汽车公司。

别克汽车商标（图2-17）是三把颜色不同（从左到右，红、白、蓝三种颜色）依次排列在不同高度上的利剑，表示积极进取、不断攀登的意念；表示别克汽车公司采用顶级技术，刃刃见锋；也表示别克汽车公司培养出的人才游刃有余，是无坚不摧、勇于登峰的勇士。

图2-17 别克汽车商标

4 旁蒂克品牌

旁蒂克（PONTIAC）品牌原为奥克兰汽车公司的品牌，公司建于1907年8月，创始人是爱德华·墨菲。旁蒂克是一个印第安酋长的名字，18世纪他曾率部在底特律附近抵抗英法殖民者。为了纪念他，将靠近底特律市的一座小城命名为旁蒂克镇。1909年4月，奥克兰汽车公司加入通用汽车公司，主要以生产高档轿车和跑车为主，从1932年4月起正式使用旁蒂克汽车这一名称。

旁蒂克汽车商标（图2-18）是带十字标记的箭头。十字标记表示旁蒂克汽车是通用汽车公司的成员，也象征着旁蒂克汽车安全可靠，箭头则代表旁蒂克汽车的技术超前和攻关精神。

5 土星品牌

土星（SATURN）品牌是通用汽车公司最年轻的品牌，成立于1985年，是通用公司唯一从内部建立起来的公司。土星不存在背历史包袱，不存在有损害传统的顾忌，轻装上阵，以市场需求为准绳，创新立异，这就是土星车的特点。其主要产品为豪华轿车、旅行轿车和跑车。

土星汽车商标（图2-19）为土星轨迹线，给人一种高科技、新观念、超时空的感觉，寓意土星汽车技术先进，设计超前且具时代魅力。

图2-18　旁蒂克汽车商标

图2-19　土星汽车商标

6 吉姆西品牌

吉姆西汽车公司是通用汽车公司旗下的商用车部门，主要生产商用车、SUV、皮卡和载货汽车等车型。吉姆西汽车商标如图2-20所示。

7 悍马品牌

20世纪70年代末，美国陆军根据越战经验，开始研发新一代的轻型多用途军车，军方要求军用车需要符合高机动性、多用途、非履带式等要求，简称HMMWV。1983年，美国AM General公司完成了HMMWV的开发工作，并为军方生产该汽车。HMMWV系列车生产后，美国军方装备了10万辆，并出口到30多个国家和地区。

1992年，AM General 公司推出了HMMWV的民用车，取名HUMMER（图2-21），译音"悍马"，一个十分贴切的中文名称。"悍马"由于优异的越野性能，被业内外人士誉为"越野车王"。

图2-20　吉姆西汽车商标　　　　　　图2-21　悍马汽车商标

1999年，通用汽车公司从AM General公司取得了悍马汽车的生产权和商标使用权。悍马汽车是为美国军方而生的，军事用途和民事用途的差异使得悍马汽车很难完全融入现代汽车产业的竞争，虽然其个性化的设计深受汽车爱好者的喜爱，但它的大排量、高污染也让其成为众矢之的，并最终在2010年停产。

二 福特汽车公司

1903年6月16日，亨利·福特创建了福特（FORD）汽车公司，总部设在底特律市。在美国有福特部和林肯·默寇利部等。福特部生产雷鸟（Thunderbird）、野马（Mustang）、野马·眼镜蛇（Mustang Cobra）等轿车或跑车；林肯·默寇利部生产林肯·大陆（Lincoln Continental）、林肯·城市（Lincoln Town）等高档轿车。

亨利·福特（1863—1947年）是福特汽车公司的创始人。他推出了经济的福特T型车，创造了用流水线装配汽车的方式，促进了汽车在美国和世界的普及。流水线装配汽车的方式是世界汽车工业史上具有划时代意义的伟大创举。因此，福特被誉为"汽车大王"。

1893年，福特研制的汽油机试验成功，1896年制造了汽车。1903年6月16日，福特和11名合伙人建立了福特汽车公司。

1908年，福特生产出T型车；1913年，创造了用流水线装配汽车的方式。福特T型车生产了20年，共生产了1500多万辆。流水线生产方式的成功，不仅使T型车成为有史以来最普通的车种，更使汽车由少数富人家的奢侈品成为大众的消费品，同时，也为汽车产品市场的拓展提供了可能。正如福特所说："在工业生产史上，它告诉人们新的时代已经来临"。至此，福特汽车公司发展成为世界上最大的汽车公司。

福特晚年时已不能跟上汽车时代的前进步伐，没能适应消费者需求的变化及时推出新车型。在用人上，排斥他的儿子——主张改革的埃塞尔·福特。1927年，福特汽车公司世界第一的位置被通用汽车公司占据，1936年，还一度被克莱斯勒汽车公司超过。1943年，福特的儿子埃塞尔·福特病故，围绕公司继承权的问题，公司和福特家族发生了一场激烈的斗争。1945年，福特在感到自己已无法控制局势之后，辞去了公司总经理的职务，将福特汽车公司交给长孙亨利·福特二世。1947年4月7日，福特因脑溢血死于底特律市。后人对福特有这样评价："当他来到人世时，这个世界还是马车时代；当他离开人间时，这个世界已经成了汽车的世界。"这句话形象地概括了福特对人类文明的发展做出的突出贡献。

1 福特品牌

福特汽车商标（图2-22）采用福特英文"Ford"字样，蓝底白字。由于创建人亨利·福特喜欢小动物，所以标志设计者把福特的英文"Ford"画成形似一只活泼可爱、充满活力、美观大方的小白兔形象，犹如在温馨的大自然中，一只活泼的小白兔矫健潇洒地飞奔世界各地。

2 野马·眼镜蛇品牌

福特部生产的野马跑车商标（图2-23）中的奔马，是原产于墨西哥和美国加利福尼亚州的一种野马，它身强力壮，善于奔跑。

福特部生产的眼镜蛇跑车商标（图2-24）是一个昂首的眼镜蛇图案，眼镜蛇跑车是由野马跑车改装而成。

图2-22　福特汽车商标　　　　图2-23　野马跑车商标　　　　图2-24　眼镜蛇跑车商标

3 林肯品牌

1917年8月，亨利·利兰德创建了豪华汽车公司。1922年2月，福特汽车公司收购了豪华汽车公司，将其更名为林肯（LINCOLN）部。1949年，福特汽车公司将林肯部和默寇利部合并为林肯·默寇利部。

阿伯拉罕·林肯是美国第16任总统。林肯是美国豪华轿车的品牌，它是地位和财富的象征。美国总统胡佛、罗斯福、杜鲁门、艾森豪威尔、肯尼迪、尼克松、卡特、里根、老布什、克林顿，都乘坐林肯牌轿车。

林肯汽车商标（图2-25）是一颗闪闪发光的星辰和一个近似矩形的外框组图案，表示林肯总统是美国联邦统一和废除奴隶制度的启明星，也喻示着林肯牌轿车光辉灿烂的前程。

4 默寇利（水星）品牌

默寇利（Mercury）是罗马神话中的主管商业和道路之神的名字。默寇利汽车商标（图2-26）中三条道路分隔线表示天下道路为默寇利牌汽车修筑，也象征着该车将畅通无阻地飞驰在各种道路上。

图2-25　林肯汽车商标　　　　图2-26　默寇利汽车商标

三　克莱斯勒汽车公司

克莱斯勒（CHRYSLER）汽车公司是美国第三大汽车公司，总部设在底特律市。克莱斯勒汽车公司成立时，其排名在美国为第27位，但相继推出的克莱斯勒4号和亨利5号两种新车为克莱斯勒汽车公司的发展做出了贡献。至1926年年底，汽车产量在美国排名跃至第五位，1927年又上升到第四位。1928年，克莱斯勒汽车公司买下了道奇汽车公司和顺风汽车公司。1929年克莱斯勒汽车公司产量上升到美国的第三位，跃升为美国第三大汽车公司，该公司拥有顺风部、道奇部、吉普部。

沃尔特·克莱斯勒（1875—1940年）是克莱斯勒汽车公司的创始人。1920年，克莱斯勒离开通用汽车公司，受聘于行将倒闭的马克斯威尔汽车公司。他于1924年推出克莱斯勒6号车型，打开了新局面，并借机改组接收了马克斯威尔汽车公司。1925年6月6日，在马克斯威尔汽车公司的基础上成立了克莱斯勒汽车公司，比福特汽车公司晚了22年，比通用汽车公司晚了17年，此时克莱斯勒已50岁，可以说是"大器晚成"。

1　克莱斯勒品牌

目前，克莱斯勒汽车采用的商标（图2-27）是在花形图案中有"CHRYSLER"字样，圆形代表地球，表示克莱斯勒汽车遍及全世界。

2　道奇品牌

1914年，由道奇兄弟（约翰·弗朗西斯·道奇和瑞斯·埃尔金·道奇）创建了道奇（DODGE）汽车公司，1928年被克莱斯勒汽车公司收购，成为克莱斯勒车公司的一个分部。道奇汽车商标（图2-28）是一个安放在五边形中的公羊头，象征道奇汽车强壮剽悍，善于决斗。道奇汽车曾在第二次世界大战中作为主力装备。

蝰蛇跑车是克莱斯勒汽车公司道奇部生产的。蝰蛇是美国最凶猛的蛇种，所用的图形商标是一个张着血盆大口的蝰蛇，象征蝰蛇跑车勇猛无比。蝰蛇汽车商标（图2-29）在设计中特别突出了蝰蛇那双烁烁放光的眼睛和锐利的牙齿，即以藐视的目光盯着对手，露出毒牙以击退敌人。

第二章 著名汽车公司与品牌

图2-27 克莱斯勒汽车商标　　　图2-28 道奇汽车商标　　　图2-29 蝰蛇汽车商标

3. 吉普（Jeep）品牌

吉普部（图2-30）是美国克莱斯勒汽车公司专门生产轻型越野汽车的部门，是美国克莱斯勒汽车公司接收美国汽车公司后，于1980年成立的子公司，是世界上最大的越野汽车制造厂。吉普汽车商标如图2-30所示。

吉普车的名字叫"GP"，是GENERAL PURPOSE（多用途车）的缩写，这种小越野车是专门为美国军方生产的，它的发音与美国漫画家施格于1937年创作的漫画形象中的一种神通广大的小鸟在飞行时发出的"吉普吉普"叫声很相近，因此，美国士兵把这种小越野车称为"吉普"。由于它具有传奇的历史和响亮易记的发音，很多人都知道它，甚至不少人将吉普视为越野车的代名词，以为所有的越野车都可称为吉普，这是对吉普这个名字的误解。

图2-30 吉普汽车商标

第四节　日本著名汽车公司与品牌

一、丰田汽车公司

丰田（TOYOTA）汽车公司的前身是1933年在丰田自动织布机制作所设立的汽车部，创始人是丰田喜一郎。1937年8月28日，正式独立为丰田汽车工业公司，1982年7月1日，丰田汽车工业公司和丰田汽车销售公司合并为丰田汽车公司，总部设在丰田市。丰田汽车公司主要生产皇冠（Crown）、卡罗拉（Corolla）、陆地巡洋舰（Land Cruiser）、威驰（Vios）、雷克萨斯（Lexus）等品牌轿车。

丰田喜一郎（1894—1952年）是丰田汽车公司的创始人，是日本"国产汽车之父"，是"丰田生产方式"的奠基人。

丰田这个世界著名的品牌，在全球已是家喻户晓。丰田汽车公司这个在日本偏僻小镇崛起的汽车工业巨人，在世界汽车工业大决战的舞台上可谓是佼佼者。而这一切都说明了丰田喜一郎对汽车事业的重大贡献。

丰田喜一郎的父亲丰田佐吉是日本有名的"纺织大王"。丰田佐吉为了发展自己的工厂，将丰田喜一郎送到日本东京帝国大学（即现在的东京大学）机械工程学科读书，毕业后到自己的纺织厂工作。1929年秋天，丰田喜一郎代表自动织布机械厂到英国去签订一项合同。在伦敦的街头，他目不转睛地注视着一辆辆疾驰往来的汽车，脑海里浮想联翩。他认识到，汽车这一新兴行业具有广阔的前景，遂决定将其作为自己毕生的事业。

1930年，丰田佐吉去世后，工厂总裁的职务由丰田喜一郎的妹夫丰田利三郎担任。1933年，在丰田喜一郎的一再要求下，丰田利三郎勉强同意成立汽车部。1933年9月，丰田喜一郎着手试制汽车发动机，拉开了汽车生产的序幕。1935年8月，制造成功了第一辆丰田牌汽车。1937年8月28日，丰田喜一郎创建了丰田汽车工业公司。

丰田喜一郎的指导思想是：贫穷的日本需要便宜的汽车，生产廉价的汽车是公司的责任。后来，丰田汽车公司确立了"用低成本、大批量的生产方式生产高质量的汽车，进而加入世界第一流汽车工业行列"的方针。丰田喜一郎颇有战略眼光，他自公司建立开始就注意到，从基础工业入手，着眼于整体素质的提高，使材料工业、机械制造业、汽车零部件和汽车工业同步发展，为汽车大批量生产创造条件。

丰田喜一郎对汽车工业的另一项贡献就是对生产过程的科学管理。他主张弹性生产方式，"工人每天只做到必要的工作量""恰好赶上"，减少零部件库存，开启了"丰田生产方式"。丰田喜一郎创建丰田汽车公司的过程十分艰难。他的妹夫丰田利三郎曾坚决反对搞汽车，后又遭受因国内经济危机引发的工人罢工的厄运。为了挽救丰田汽车公司，丰田喜一郎一度辞职，由石田退三担任公司经理。当丰田喜一郎再次出任经理不到半个月时，1952年3月27日，丰田喜一郎患脑溢血去世。丰田喜一郎的去世，的确令人遗憾。他留下一个生产轿车的未完之梦，但他创建的丰田汽车公司如今已发展为世界汽车工业的巨人，丰田创始人丰田喜一郎名垂史册。

① 丰田品牌

20世纪80年代后期，丰田汽车公司商标图案改成三个椭圆（图2-31）。外边的大椭圆表示地球，大椭圆内的一个横向椭圆和一个纵向椭圆构成一个"T"字，是TOYOTA的第一个字母，代表丰田汽车公司。商标富有动感，表示丰田汽车公司在世界上永远发展。其内涵正如该公司所解释的：它象征着丰田立足于未来，对未来的信心和雄心；它象征着丰田置身于顾客，对顾客的保证；它象征着丰田技术之高和革新的潜力。

图2-31 丰田汽车商标

卡罗拉轿车是丰田车系中的代表车型和佼佼者。自从1966年成功推出后，45年间历经十代畅销不衰，行销世界超过140个国家和地区，累积销量超过3000万辆，创造了单一品牌车型累积销量第一的世界纪录。

② 皇冠品牌

皇冠（Crown）品牌是丰田汽车公司生产的一款外形美观、线条流畅、性能优越的中档轿车。该型车于1955年1月销售，畅销世界各地。皇冠是丰田汽车公司的代表车型之一，被称为丰田汽车公司的旗舰。皇冠轿车的商标是一顶象征王位的皇冠，它象征着该型车是日本国产车的王者。

3 雷克萨斯品牌

雷克萨斯车名是丰田汽车公司花费3.5万美元请美国一家起名公司命名的，因为雷克萨斯（Lexue）的读音与英文豪华（Luxe）一词相近，使人们联想到该车是豪华轿车。雷克萨斯轿车商标（图2-32）采用车名"Lexus"第一个字母L的大写，L的外面用一个椭圆包围着的图案，椭圆代表地球。

图2-32　雷克萨斯轿车商标

二 日产汽车公司

日产（NISSAN）汽车公司又称尼桑汽车公司。1933年，日本户烟铸造公司与日本产业公司合资建立汽车制造公司，于1934年更名为日产汽车公司。"日产"是日本产业的简称。2009年8月，日产汽车公司宣布新总部将迁回至公司创始地日本横滨市。新总部秉承环保理念，在设计上致力于降低二氧化碳排放和节约能源。

1999年3月，日产汽车公司与法国雷诺汽车公司签订了一个全面的联盟协定，旨在加强日产汽车公司的财政地位，同时获得双赢的发展。这种联盟旨在加强品牌知名度，使这些品牌具有明显的能力和特点，而且能够在21世纪的全球市场上有效地参与竞争。目前，日产汽车公司在中国销售的车型有逍客、轩逸、奇骏、天籁、骏逸、颐达、骊威等。

1 日产品牌

日产汽车商标（图2-33）是将NISSAN（日产）放在太阳（日本国旗图案）上，对公司名称和所在国家给予突出。

2 英菲尼迪（无限）品牌

1989年11月8日，日产汽车公司的豪华品牌英菲尼迪（Infiniti）在北美首次面世。几年之内，英菲尼迪迅速成为北美豪华车市场最重要的品牌之一。

英菲尼迪汽车的椭圆形商标（图2-34）表现的是一条无限延伸的道路。椭圆曲线代表无限扩张之意，也象征着全世界；两条直线代表通往巅峰的道路，象征无尽的发展。英菲尼迪汽车的标志和名称象征着英菲尼迪人的一种永无止境的追求，那就是创造有全球竞争力的真正的豪华车用户体验感受和最高的客户满意度。

图2-33 日产汽车商标

图2-34 英菲尼迪汽车商标

三 本田汽车公司

本田（HONDA）汽车公司是世界上最大的摩托车生产厂家，汽车产量和规模也名列世界十大汽车厂家之列。其前身是本田技术研究所，1948年由本田宗一郎创建，以姓氏对公司命名。公司总部设在东京，雇员总数达18万人左右。现在，本田公司已是一个跨国汽车、摩托车生产销售集团，它的产品除汽车摩托车外，还有发电机、农机等动力机械产品，目前主要生产雅阁（Accord）、思域（Civic）、思迪（City）、讴歌（ACURA）等品牌轿车。

1 本田品牌

本田汽车商标（图2-35）采用HONDA的第一个字母H，周围用方框围着，体现了品牌技术创新、团结向上、经营有力的思想。

2 讴歌品牌

讴歌（ACURA）创立于1986年，过去也称之为"阿库拉"。讴歌一直作为本田汽车公司的一款豪华和准豪华车型在美国、加拿大和墨西哥市场销售。2006年和2008年，它分别被投放到中国和日本本土的市场。本田公司向中国市场投放的ACURA品牌更名为讴歌。ACURA是拼构出来的，"ACU"意味着"精确"，体现了该事业部追求"精确"的精神。ACURA标识中的"A"转化为一个传统的卡钳（专门用于精确测量的工具）样式，中间的横杆是为了保持"A"字形，也可以看成是本田商标的一种变形形式，如图2-36所示。

图2-35 本田汽车商标

图2-36 讴歌汽车商标

四 马自达汽车公司

马自达（MAZDA）汽车公司的前身是1920年创建的东京软木工业公司，创建人是松田重次郎，MAZDA为松田的拼音。1982年，更名为马自达汽车公司，主要生产马自达929、马自达323、马自达M6等品牌轿车。马自达汽车公司生产的汽车至今还坚持装配自己生产的转子发动机，马自达MR-8汽车安装了最新投入使用的转子发动机，是一辆真正带有马自达汽车基因的汽车。目前，马自达汽车商标采用飞鹰（图2-37），意味着马自达汽车公司展翅高飞，永闯车坛顶峰。

图2-37 马自达汽车商标

五 五十铃汽车公司

五十铃（ISUZU）汽车公司的前身是于1916年在东京都晶川区成立的东京石川岛造船所。1922年，涉泽正雄任东京石川岛造船所的董事，负责该所新建立的汽车部门的工作，他招进了三宫吾郎到汽车部门任职。从此，三宫吾郎将毕生精力都投入到了日本汽车工业，为五十铃汽车公司的诞生建立了不可磨灭的功勋。1933年3月，石川岛汽车制作所与达特汽车制造公司合并，成立汽车工业公司。1937年11月，汽车工业公司又与东京煤气电力工业汽车部等合并为东京汽车工业公司。

1949年7月，公司更名为五十铃汽车公司，名字来源于日本伊势（ISUZU）的五十铃河。日本五十铃汽车公司是世界上最具规模及历史最悠久的商用车制造商之一，五十铃以重型载货汽车起家，旗下的四驱车也以坚固、耐用、载荷大而闻名于世，而其柴油发动机更是供给不少其他车厂，所以国内很多皮卡和SUV都是采用它的底盘和车身技术。

图2-38 五十铃汽车商标

1974年，五十铃汽车采用双柱商标（图2-38），左边那根柱子象征着与用户并肩前进的五十铃汽车公司；右边那根柱子象征着与世界各国协作发展的五十铃汽车公司。

六 三菱汽车公司

三菱（MITSUBISHI）汽车公司的前身是岩奇弥太郎1870年创建的九十九商会，1873年将九十九商会改称为三菱商会，1970年，三菱汽车公司从三菱集团中独立出来，该公司生产快乐（Debonair）、枪骑兵（Lancer）、帕杰罗（Pajero）等品牌轿车和轻型越野汽车。

三菱汽车以三枚菱形的钻石为标志（图2-39），体现公司的三个原则：承担对社会的共同责任；诚实与公平；通过贸易促进国际谅解与协作。这个商标也凸显了三菱汽车菱钻式的造车艺术。

七 斯巴鲁汽车公司

图2-39　三菱汽车商标

斯巴鲁（SUBARU）汽车公司是富士重工业株式会社（FHI）旗下专业从事汽车制造的一家分公司，成立于1953年，最初主要生产汽车，同时也制造飞机和各种发动机，是生产多种类型、多用途运输设备的制造商。

富士重工"斯巴鲁"汽车的商标是昴宿星团的六连星（图2-40），并且也是斯巴鲁汽车的标志。斯巴鲁的标志代表着第二次世界大战后，五个独立的公司一起组成了现今的斯巴鲁汽车公司。斯巴鲁汽车公司拥有独特的技术，尤其要指出的是其水平对卧式发动机和全时四轮驱动系统。斯巴鲁汽车公司近年来业绩显著，2006年全球销售创下其历史记录。富士重工一直开发具有独特性的四轮驱动系统和高性能的水平对置式发动机。其四轮驱动系统，经过20多年的不断完善以及通过世界各地严酷的路况行驶经验，性能、质量不断得以提高。其主要车型有力狮（Legacy）、傲虎（Outback）、翼豹（Impreza）和森林人（Forester）等。

图2-40　斯巴鲁汽车商标

八 铃木汽车公司

铃木（SUZUKI）是日本的一个姓氏。铃木公司成立于1920年，1952年开始生产摩托车，1955年开始生产汽车。铃木汽车公司成立于1954年，以生产微型汽车为主。铃木也是丰田集团成员，同时通用持有铃木10%的股权。铃木汽车公司是最早与中国汽车公司合作成功的。其在中国生产的主要车型有奥拓、雨燕、天语和羚羊等。

铃木汽车商标（图2-41）图案中的"S"是SUZUKI的第一个大写字母，它给人以无穷力量的感觉，象征无限发展的铃木汽车公司。通过向全世界的客户提供优质产品及向使用铃木产品的客户提供优质服务的方式，铃木正以实现与客户建立终生信赖的关系为目标而不懈努力。

图2-41　铃木汽车商标

第五节　意大利著名汽车公司与品牌

一、菲亚特汽车公司

菲亚特（FIAT）是意大利都灵汽车制造厂（Fabbrica Italiana di Automobili Torino）的缩写，该厂建于1899年，厂址设在都灵市，创始人是乔瓦尼·阿涅利。经过一个多世纪的发展，菲亚特汽车公司已成为意大利规模最大的汽车公司，不仅汽车产量占意大利汽车总产量的90%以上，而且还控制着阿尔法·罗米欧、蓝旗亚、玛莎拉蒂、法拉利等汽车公司。现在菲亚特汽车都采用矩形商标，如图2-42所示。

菲亚特轿车造型紧凑、线条简练、优雅精致、极富动感、充满活力，处处显现拉丁民族热情、浪漫、灵活的风格。所以，菲亚特轿车的造型一直引导着世界汽车造型的潮流。

图2-42　菲亚特汽车商标

依维柯（IVECO）公司的全称为工业车辆公司，创建于1975年，是一家以菲亚特汽车公司为主体，由三个国家四个公司（意大利的菲亚特汽车公司、奥姆股份有限公司；法国的尤尼克股份有限公司；德国的马基路斯-道依茨公司）组成的欧洲跨国公司，主要生产载货汽车和客车。

二、法拉利汽车公司

法拉利（FERRARI）汽车公司是意大利超级跑车和赛车制造公司，建于1929年（最早是赛车俱乐部，即法拉利车队的前身），创始人是恩佐·法拉利，公司总部设在摩德纳，现为菲亚特汽车公司的子公司。

法拉利汽车商标（图2-43）是一匹跃起的马。在第一次世界大战中意大利有一位表现非常出色的飞行员，他的飞机上就有这样一匹会给他带来好运气的跃马。在法拉利最初的比赛获胜后，这位飞行员的父母亲（一对伯爵夫妇）建议：法拉利也应在车上印上这匹带来好运气的跃马。后来这位飞行员战死了，马就变成了黑颜色。标志上部的绿、白、红三色是意大利国旗的颜色，而标志底色为公司所在地摩德纳的一种著名金丝雀的颜色。2000—2004年，法拉利汽车公司生产了F2000、F2001、F2002、F2003GA和F2004P1等品牌赛车，这些赛车均是2002—2004年夺冠的F1赛车。

图2-43　法拉利汽车商标

三、阿尔法·罗米欧汽车公司

阿尔法·罗米欧（ALFA·ROMEO）汽车公司是意大利高档轿车、跑车和赛车制造商，建于1910年，总部设在意大利米兰。1910年，阿尔法汽车公司在米兰成立，并开始生产普通轿车。第一次世界大战中，工程师尼古拉·罗米欧买下了该公司，用于生产军火。战后改为阿尔法·罗米欧汽车公司，生产高档跑车和赛车。1987年，阿尔法·罗米欧汽车公司并入菲亚特汽车公司，之后提高了技术水平，获得了较大的发展。

阿尔法·罗米欧汽车公司的汽车商标是将"ALFA·ROMEO"字样置于米兰市圆形市徽（原是维斯康泰家族的徽章）外圈的上半部（图2-44）。采用该商标，是为了纪念米兰市的创始人维斯康泰公爵及其家族。商标中的十字部分来源于十字军从米兰向外远征的故事。右部分原来是米兰大公的徽章，后来正式成为维斯康泰公爵家徽的一部分，它是一条恶龙正在吞食撒拉逊人的图案。关于该图案有许多传说，其中之一是它象征维斯康泰公爵的祖先曾击退了使该城人们受难的"恶龙"。

图2-44　阿尔法·罗米欧汽车商标

四　兰博基尼汽车公司

兰博基尼（LAMBORGHINI）汽车公司建于1961年，创始人是弗鲁西欧·兰博基尼，主要生产跑车和赛车。1987年，兰博基尼汽车公司与美国克莱斯勒汽车公司合并。1993年底，克莱斯勒汽车公司又将兰博基尼汽车公司卖给了印度尼西亚的梅佳-泰克财团。1998年，兰博基尼汽车公司又被奥迪汽车公司收购。

兰博基尼汽车商标（图2-45）是一头金色斗牛，全身充满力气，正准备冲击，寓意该公司生产的赛车功率大，速度快，战无不胜。

图2-45　兰博基尼汽车商标

第六节　其他国家著名汽车公司与品牌

一　劳斯莱斯汽车公司

劳斯莱斯(Rolls-Royce)是世界顶级超豪华轿车厂商，1906年成立于英国，是由劳斯汽车销售公司和莱斯汽车制造公司联合而成，并以创始人查尔斯·劳斯和亨利·莱斯的姓氏命名。劳斯莱斯轿车以外形独特、古色古香、性能优良而闻名于世，是当今世界最尊贵、最豪华、最气派的轿车，被誉为"帝王之车"，在世界车坛上享有崇高的地位。除了制造汽车，劳斯莱斯还涉足飞机发动机制造领域，它也是世界上最优秀的发动机制造者，著名的波音客机用的就是劳斯莱斯的发动机。2003年劳斯莱斯汽车公司被德国宝马汽车公司接手。

劳斯莱斯汽车商标（图2-46）采用ROLLS、ROYCE两个单词的开头字母R叠合而成，喻意团结奋进、精诚合作、共同创业的精神。汽车雕塑商标采用一尊女神像，做飞翔姿态，意为速度之魂。

a) 文字商标　　　　　　　　　　b) 雕塑商标

图2-46　劳斯莱斯汽车商标

二 捷豹-路虎汽车公司

捷豹-路虎汽车公司是一家拥有捷豹（JAGUAR）和路虎（Land Rover）两个顶级奢华品牌的英国汽车制造商，现隶属于印度塔塔汽车公司旗下。公司主要业务是开发、生产和销售捷豹和路虎汽车。其中拥有辉煌历史的捷豹是世界上生产豪华运动轿车和跑车的主要制造商，而路虎则是全球生产顶级奢华的全地形越野车制造商。

1 捷豹品牌

捷豹品牌创建于1935年，创始人是威廉·莱昂斯，总部设在英国的考文垂。捷豹车标为一只正在跳跃前扑的"美洲豹"形象（图2-47），矫健勇猛，形神兼备，具有时代感与视觉冲击力，它既代表了公司的名称，又表现出向前奔驰的力量与速度，象征该车如美洲豹一样驰骋于世界各地。

a) 图案商标　　　　　　　　　　b) 雕塑商标

图2-47　捷豹汽车商标

❷ 路虎品牌

路虎（图2-48）曾在中国翻译成"陆虎"，是世界著名的英国越野车品牌，自创始以来就始终致力于为其驾驶者提供不断完善的四驱车驾驶体验。在四驱车领域中，路虎公司不仅拥有先进的核心技术，而且充满了对四驱车的热情：他是举世公认的权威四驱车革新者。尽管路虎在不断改进产品，但它始终秉承其优良传统就是将公司价值与精益设计完美的结合。

图2-48　路虎汽车商标

三、沃尔沃汽车公司

1927年，阿瑟·加布里尔森和古斯塔夫·拉尔森在瑞典的哥德堡创建了沃尔沃（VOLVO）汽车公司，也译为富豪汽车公司。1999年1月，福特汽车公司收购了沃尔沃汽车公司的轿车部。2010年8月，中国浙江吉利控股集团有限公司正式完成对沃尔沃品牌100%的收购，收购内容包括沃尔沃轿车的9个系列产品、3个最新平台、2000多个全球网络以及相关的人才和重要的供应商体系。沃尔沃净资产超过15亿美元，品牌价值接近百亿美元。

沃尔沃汽车商标（图2-49）为车轮，并有指向右上方的箭头。"VOLVO"是滚滚向前的意思，寓意着沃尔沃汽车的车轮滚滚向前和公司兴旺发达，前途无量。

图2-49　沃尔沃汽车商标

四、斯柯达汽车公司

捷克的斯柯达（SKODA）汽车制造厂建于1895年，当时是由商人克莱门特和机械师劳林合办的一家自行车厂。1905年，制造出第一辆汽车。1925年，该厂与皮尔森的斯柯达工厂合并，更名为斯柯达汽车厂。1945年，该厂被收归国有。斯柯达汽车曾是欧洲知名度相当高的汽车，尤其是柴油机载货汽车和客车深受用户欢迎。1991年德国大众集团收购了斯柯达，生产的汽车仍使用"斯柯达"品牌。

斯柯达汽车商标（图2-50）像一只温文尔雅的小鸟，圆环象征该厂产品无可挑剔，鸟翼象征技术进步和产品畅销全球，翅膀上的小孔代表生产的精确度和技术的灵敏性，翅膀下方的箭头表示生产方式的进步，外环下方的月桂树枝叶象征着胜利。斯柯达汽车商标体现了斯柯达轿车的创新精神和为达到目标而奋力拼搏的大无畏气概。

图2-50　斯柯达汽车商标

五 现代汽车公司

现代（HYUNDAI）汽车公司建于1967年12月，创始人是郑周永，总部位于韩国首尔，建厂初期只是组装美国福特汽车公司的轿车，到1974年才开始生产自己的轿车。现代汽车公司主要生产阿克森特（Accent）、兰特拉（Lantra）、索纳塔（Sonata）、伊兰特（Elantra）等轿车。

现代汽车商标（图2-51）为现代汽车公司英文拼音HYUNDAI的第一个字母H，与日本本田商标区别在于它用的H为斜花体，且H外边用椭圆包围着，象征现代汽车遍及全球。

图2-51 现代汽车商标

六 起亚汽车公司

起亚汽车公司成立于1944年，是韩国最早的汽车制造商，现在隶属于现代集团。起亚作为韩国汽车工业的驱动力，为使韩国挤身世界五大汽车生产国家发挥了积极的作用。起亚的国外业务占60%。拥有完善的乘用车和商用车生产流水线，330万m^2厂房的牙山湾工厂和79万m^2的所下里工厂，具有年产100万辆汽车的生产力。通过在180多个国家的销售网络进行销售。旗下的主力车型有赛拉图、锐欧、狮跑和智跑等。

图2-52 起亚汽车商标

起亚汽车现行的标志是由白色的椭圆、红色的背景和黑体的"KIA"三个字母构成，而更改后的标识将变为亮红的椭圆、白色的背景和红色的"KIA"字样，给人予更加新鲜活。起亚汽车公司标志是英文"KIA"，形似一只飞鹰，象征公司如腾空飞翔的雄鹰（图2-52）。

七 塔塔汽车公司

塔塔汽车公司（Tata Motors）是印度最大的综合性汽车公司、商用车生产商。塔塔汽车（图2-53）是印度塔塔集团下属的子公司，成立于1945年，全球商用汽车制造商中排名十甲之内，年营业额高达20亿美元。占有印度市场59%的份额。其在1954年的时候与德国戴姆勒奔驰进行合作，1969年能够独立设计出自己的产品。商用车涵盖2~40t的产品。1999年，塔塔进入乘用车领域，在这一市场的占有率在16%左右，最知名的是其自主开发设计的Indica和Indigo系列产品。

图2-53 塔塔汽车商标

八 霍顿汽车公司

霍顿（Holden）汽车公司创立于1856年，总部在澳大利亚墨尔本市。主要业务是生产汽车和发动机，其母公司是美国通用汽车公司。澳大利亚的霍顿汽车公司在澳大利亚历史上有着极其特别的地位，因为澳洲大陆上第一部由澳洲人自己生产的汽车，就是从霍顿的车间里开出来的。要探究霍顿的历史，需要追溯到一个世纪以前。经营骑马用具起家的霍顿公司在1914年开始帮顾客生产定制的汽车车身，这迈出了它漫长汽车工业里程的第一步。经过10年的发展，它成为美国通用汽车的在澳洲的车身供应商，并于1931年和美国通用汽车澳洲分公司共同组建了"通用—霍顿汽车公司"（1994年起单独使用"霍顿汽车公司"的名称）。

从1948年起，霍顿开始生产自己的车型，澳洲历史上第一辆属于本土的轿车于当年下线，从此霍顿成为澳洲汽车工业的代名词。

霍顿汽车商标是一只狮子滚球的红色圆形浮雕（图2-54），其设计灵感来自一则古老传说：埃及狮子滚石头的情景启迪人类发明了车轮。今天的霍顿不但称霸澳洲车坛，还以制造强劲发动机而闻名于世，那只红色雄狮也就更具象征意义。

图2-54 霍顿汽车商标

第三章 汽车在中国

> 学习目标

通过本章的学习,你应该:

1. 知道中国汽车工业的发展历程;
2. 掌握中国各汽车生产基地的分布;
3. 了解各汽车生产基地的主要汽车品牌。

第一节 中国汽车工业发展史

一、旧中国汽车工业的背景

1901年,匈牙利商人李恩思从欧洲购进两辆美国生产的奥兹莫比尔汽车(图3-1)到上海自备使用,中国从此开始出现汽车。

图3-1 中国出现最早的汽车

1902年,袁世凯为取悦慈禧太后,通过香港购置了一辆第二代奔驰轿车(图3-2)送给慈禧太后,"老佛爷"慈禧成为中国历史上的第一位有车族。

最早提出要建立中国汽车工业的是孙中山。他在1912年江阴视察江防工作时，曾作了"关于道路与自动车建设"的专题报告，阐明了修筑公路，开办长途客货汽车运输对发展经济的重要作用。1920年，孙中山在《建国方略》中正式提出"建造大路、发展自动车工业"的国家发展方略。

张学良将军是中国历史上第一个实际组织生产国产汽车的人，1927年，张学良在沈阳的兵工厂开始试制生产汽车，于1931年5月，成功试制了一辆"民生"牌载货汽车，如图3-3所示。

图3-2　第二代奔驰轿车

图3-3　"民生"牌载货汽车

1931年"九一八"事变爆发，日本入侵了东三省，扼杀了我国汽车工业的萌芽。日本却借机盗取成果，成立了同和汽车株式会社，到1945年日本投降，已达年产量5000辆的生产能力。在那个动荡的年代，最终旧中国的汽车工业的各种努力均以失败告终。至1949年，中国历年累计进口汽车7万余辆，当时的汽车保有量5万余辆，但产品可以说是"万国汽车"。

二　新中国汽车工业的崛起

中华人民共和国的成立，为中国汽车工业开辟了新的道路。毛泽东主席、周恩来总理等第一代国家领导人亲自筹划建立中国自己的汽车工业。中国汽车工业从1953年开始建设到现在，已经走过了60多年的历史，经过几代人的艰苦奋斗，现在我国汽车工业进入了快速发展的高速路。我国汽车工业的发展可概括为初创、自主建设和全面发展三个阶段。

1 初创阶段（1950—1965年）

① 汽车工业的筹划

1950年1月，毛泽东主席、周恩来总理率领中共中央代表团访问前苏联，商定前苏联援助中国建设156项重点工程，其中包括建设一座现代化汽车厂。

1950年3月，重工业部设置了汽车工业筹备组，主要负责人有郭力、孟少农等。

1951年4月，国务院财经委员会批准第一汽车制造厂在长春兴建。

1952年11月，党中央任命饶斌为第一汽车制造厂厂长。饶斌是"中国汽车工业的奠基人"，也被誉为"中国汽车之父"。

1953年6月，毛泽东主席签发《中共中央关于力争三年建设长春汽车厂的指示》。

❷ 第一汽车制造厂的建立

1953年7月15日，在吉林省长春市孟家屯举行了隆重的第一汽车制造厂建设奠基典礼。毛泽东主席亲笔题词"第一汽车制造厂奠基纪念"，从此，中国第一汽车制造厂的建设拉开了帷幕。经过建设者们的艰苦努力，仅仅用了三年时间，便在历史的空白处凿出国产汽车的源头，1956年7月13日，第一辆解放CA10型载货汽车（图3-4）成功下线，标志着中国不能制造汽车的历史从此结束，"一汽"也因此被誉为"中国汽车工业的摇篮"。

1958年5月，第一汽车制造厂生产出第一辆东风牌CA71型普及轿车，东风牌轿车的发动机罩上装饰了一个金龙腾飞的车标。通过东风牌轿车的试制，我国终于迈出了自制轿车的第一步。同年7月，第一汽车制造厂自行设计、试制的第一辆红旗牌CA72高档轿车诞生，如图3-5所示。红旗高档轿车是国产高档轿车的先驱，成为国家领导人的公务用车。1963年8月，第一汽车制造厂建成了具有批量生产能力的红旗牌轿车生产基地。

图3-4　解放CA10型载货汽车

图3-5　红旗牌CA72高档轿车

❸ 5个汽车生产基地的形成

1966年，我国汽车工业已形成第一汽车制造厂、南京汽车制造厂、上海汽车制造厂、济南汽车制造厂、北京汽车制造厂5个汽车生产基地，基本填补了汽车各类车型的空白。

（1）南京汽车制造厂。南京汽车制造厂前身是新中国成立前的枪炮修理厂。1958年3月10日，生产出第一辆跃进NJ130轻型载货汽车，如图3-6所示。跃进NJ130型汽车投产后成为当时我国轻型载货汽车的主力车型。

（2）上海汽车制造厂。20世纪50～60年代，我国迫切需要一种普及型的公务轿车。1958年9月，第一辆国产凤凰牌轿车诞生，开创了上海制造汽车的历史。1964年，凤凰牌轿车更名为上海SH760（图3-7），该车一直到20世纪80年代桑塔纳轿车投产才退出历史舞台。

图3-6　跃进NJ130轻型载货汽车

（3）济南汽车制造厂。济南汽车制造厂前身是始建于1935年的一家汽车配件厂。1959年，济南汽车制造厂参照捷克的斯柯达706RT型8t载货汽车设计出我国的重型载货汽车。1960年4月，试制成功了黄河JN150重型载货汽车，如图3-8所示。

图3-7　上海SH760轿车

（4）北京汽车制造厂。中国与前苏联关系破裂后，我军指挥车失去了供应来源，军委指示尽快开发部队装备用车。1961年，国防科委批准北京汽车制造厂作为轻型越野汽车的生产基地。1962年，试制成功第一辆北京BJ210轻型越野汽车。1964—1965年，定型为BJ212型轻型越野汽车，如图3-9所示。

20世纪60年代中期，全国汽车制造年产能力约为6万辆，有载货汽车、越野汽车和轿车共9个主导车型品种。20世纪60年代后期，全国汽车生产企业大约100多家，但几乎都是仿制国外车型。

图3-8　黄河JN150重型载货汽车

图3-9　北京BJ212轻型越野汽车

2 自主建设阶段（1966—1978年）

根据毛泽东主席的"备战备荒为人民"和"三线建设要抓紧"的指示，我国先后建成了第二汽车制造厂（简称二汽）、四川汽车制造厂、陕西汽车制造厂和三线汽车制造厂（主要生产军用越野汽车）等。同时，我国也开发矿用自卸汽车和重型汽车；鼓励地方建立汽车制造厂。

① 第二汽车制造厂的建立

1965年12月，第二汽车制造厂筹备处成立。1966年月10日，第二汽车制造厂筹备处在北京召开内地厂址选址会议，确认第二汽车制造厂厂址位于湖北省十堰市。

1967年4月1日，第二汽车制造厂正式破土动工并举行开工典礼。第二汽车制造厂建设自筹备之初就确定了"聚宝""包建"的方针。第二汽车制造厂的建设，是在特定的历史条件和艰苦的自然环境中动工的。依靠全国人民的支持，各路建设大军在为"民族汽车工业打翻身仗"的宏伟目标指引下，脚踏荒野，风餐露宿，夜以继日，艰苦创业。

1975年7月1日，第二汽车制造厂东风EQ240型2.5t越野汽车的生产基地投产。1978年7

月，第二汽车制造厂东风EQ140型5t载货汽车（图3-10）生产基地基本建成，并开始投入批量生产。

❷ 四川汽车制造厂和陕西汽车制造厂的建立

1966年3月11日，四川汽车制造厂举行开工典礼，厂址选定在四川大足。1966年6月四川汽车制造厂红岩牌CQ260型越野汽车在綦江齿轮厂试制成功，后改型为红岩CQ261型。1971年7月，四川汽车制造厂批量投产红岩牌CQ261型越野汽车，如图3-11所示。

图3-10　东风EQ140型5t载货汽车

图3-11　红岩牌CQ261型越野汽车

陕西汽车制造厂厂址选定在陕西省岐山县麦里西沟。1974年12月27日，陕西汽车制造厂生产的延安牌SX250型越野汽车鉴定定型。1978年3月14日，陕西汽车制造厂和陕西齿轮厂建成，正式投产延安牌SX250型越野汽车，如图3-12所示。

❸ 开发生产矿用自卸汽车和重型载货汽车

1969年以后，上海汽车制造厂、第一汽车制造厂（后转本溪）投入矿用自卸汽车试制、生产；安徽、南阳、丹东等地开始生产重型载货汽车。1969年7月，上海汽车制造厂的上海SH380型32t（图3-13）和SH361型15t矿用自卸车试制成功。1971年第一汽车制造厂试制成功60t矿用自卸汽车。

图3-12　延安牌SX250型越野汽车

图3-13　上海SH380型32t矿用自卸车

❹ 地方积极建设汽车制造厂

有了第一汽车制造厂和第二汽车制造厂的经验，全国各地开始积极发展汽车工业，出现了遍地开花的现象。上海、四川、陕西、安徽等地相继建成整车制造厂和零部件厂，生产轻型载货汽车、轻型客车、改装车和专用汽车。

20世纪70年代末期，我国汽车年产量为22万辆，汽车制造厂为56家，汽车行业企业总数为2379家，从业人员为90.9万人，汽车工业总产值为88.4亿元。

3 合资发展阶段（1979—1997年）

改革开放后，中国汽车工业进入调整、提高和快速发展阶段。党和政府提出要将汽车工业发展成为国民经济支柱产业；在产量不断提高的同时，加快进行产品结构调整；引进国外先进技术和资本；轿车工业迅猛发展，由此拉开了汽车进入家庭的序幕；生产集中度明显提高，汽车年产量高速增长。

（1）发展汽车工业的政策陆续出台。1984年我国把汽车工业作为发展国民经济的支柱产业。1994年7月，国务院批准发布了《汽车工业产业政策》。这是汽车工业的一部政策性法规，也是我国工业行业第一部政策性法规，它阐明了政策目标和发展重点、产品认证和产业组织、产业技术等有关方面的规定。《中华人民共和国国民经济和社会发展第十个五年计划纲要》《汽车工业"十五"规划》明确提出了"十五"期间我国汽车工业的发展目标。

（2）产品结构调整加快。1987年我国针对汽车业"缺重少轻，轿车几乎空白"的不利局面，又把轿车工业作为我国汽车工业发展的重点。从20世纪80年代中期开始，我国确定建立"三大"（上海、一汽、二汽）、"三小"（天津、北京、广州）轿车生产基地，并正式将轿车项目列为国家重点支持项目，中国汽车工业开始了战略转移。

（3）中国汽车企业加速融入全球化大潮。1984年初，中美合资北京吉普汽车有限公司成立，开创了我国合资生产整车的先河。上海大众、一汽大众、神龙公司、上海通用等多家大型中外合资轿车企业迅速崛起，并成为中国轿车工业的主力军。

随着中国"入世"，联合重组的浪潮再次席卷了中国，中国汽车企业开始加速融入全球化大潮。众多的汽车企业开始寻求与世界汽车巨头的战略合作，新的合资企业也随之纷纷诞生。部分在华设立乘用车生产厂的跨国品牌如图3-14所示。

图3-14 部分在华设立乘用车生产厂的跨国品牌

❹ 三步曲之三：自主创新（1977年至今）

国外汽车巨头在中国取得成功的背后是中国汽车工业自身的巨大牺牲。在中国，还没有哪一个行业像汽车工业一样依赖于合资模式，中国汽车工业的飞速发展并没有如期望的那样带来汽车产业竞争力的提升。由于缺乏自主的品牌和关键技术，研发能力低，国内汽车产品的核心技术大多数掌握在合资企业手中，没有话语权。"拿市场换技术"的传统合资模式开始受到质疑。

（1）汽车企业兼并、联合与资产重组的步伐加快。近20多年的时间里，我国汽车企业兼并、联合与资产重组的步伐加快了形成3个大型企业集团为龙头和13个重点企业集团（公司）为主力军的汽车工业新体制。"一汽""东风""上海"3个大型企业集团的总体规模和综合实力的增强，确立了我国汽车工业的龙头地位，其他还有13个重点大企业集团（公司）。中国汽车工业已经形成以大集团为主的规模化、集约化的产业新格局。

（2）自主品牌异军突起。随着国内汽车自主企业的成长壮大，一大批作为民族汽车自主企业的代表开始脱颖而出。1997年3月，奇瑞汽车公司在安徽成立,成为我国自主汽车品牌的第一股新生力量，从零到20万辆轿车下线，奇瑞只用了4年时间。2001年改制成立长城汽车股份有限公司，他的哈弗SUV首开中国经济型SUV先河。2008年10月，比亚迪以近2亿元收购了半导体制造企业宁波中纬，整合了电动汽车上游产业链，加速了比亚迪电动车商业化步伐。2010年8月，吉利控股集团有限公司和福特汽车举办交接仪式，正式将沃尔沃轿车公司的资产交割给吉利，成为中国车企成功收购国外豪华车企的第一宗案例。

20多年里，中国汽车自主品牌在夹缝中求生存，并逐渐壮大，企业综合竞争力全面提升，市场份额爬升（从2005年的5%到2018年的43%），价格中枢上移，并在研发投入、造型设计、对消费者需求的洞察、平台化搭建、产品体验及营销创新等方面均取得了较大突破。从2018年起，外部竞争环境变得更为复杂，自主品牌车企将面临包括严格的油耗法规考核，智能网联和自动驾驶带来的技术变革和产业链话语权重构，新兴出行模式对传统商业模式的冲击，行业将再次迎来重大变革。

（3）蝉联世界汽车产销量第一。近20年来，全国汽车产销量以每年15%的速度增长，是世界平均速度的10倍，已成为世界三大汽车生产国之一，见表3-1。中汽协数据显示，2018年，我国汽车产销分别完成2780.92万辆和2808.06万辆，连续10年蝉联全球第一。

我国2001—2010年度汽车产量及世界排名　　　　表3-1

年份	2001	2002	2003	2004	2005	2006	2007	2008	2009	2010
产量（万辆）	234	325	444	507	570	728	888	935	1360	1826
世界排名	7	5	4	4	4	3	3	2	1	1

第二节　中国著名汽车生产集团

一、第一汽车集团有限公司

中国第一汽车集团有限公司（简称一汽或中国一汽）总部位于吉林省长春市，前身是第一汽车制造厂，是新中国汽车工业的摇篮。1953年一汽奠基兴建，1956年建成并投产，制造出新中国第一辆解放牌载货汽车。1956年7月15日第一批载货汽车下线，毛主席给其命名为"解放"，还亲自书写了"解放"两字（图3-15）。"解放"有双重意义：一是中国人民的解放；二是中国汽车工业的解放。

1958年制造出新中国第一辆东风牌小轿车和第一辆红旗牌高级轿车。最初的红旗轿车商标是三面红旗，寓意"总路线、大跃进和人民公社"三面红旗，后改为一面红旗（图3-16）。即毛泽东思想的伟大旗帜。红旗轿车（图3-17）是我国领导人的主要用车，成为民族精神的象征。

图3-15　毛主席书写的解放车名

图3-16　红旗汽车商标

图3-17　红旗汽车

第一汽车制造厂的商标（图3-18）是由阿拉伯数字"1"和汉字"汽"两个字艺术化的组合，构成一只展翅飞翔的雄鹰，商标既表示不断进取、展翅高飞的中国一汽精神，又表示中国汽车工业冲出国门、走向世界的决心。出口的一汽载货汽车在其前面标有"FAW"字样，意为第一汽车制造厂。

一汽的建成，开创了中国汽车工业新的历史。经过60多年的发展，一汽已经成为国内最大的汽车企业集团之一，从生产单一的中型载货汽车，发展成为中、重、轻、微、轿、客多品种、宽系列、全方位的产品系列格局。一汽现有职能部门18个，全资子公司28个，控股子公司18个。主营业务板块按领域划分为：研发、乘用车、商用车、毛坯零部件、辅助和衍生经济等六大体系。现有员工13.2万人，资产总额超1400亿元。逐步形成了东北、华北、西南三大基地，形成了立足东北、辐射全国、面向海外的开放式发展格局。同时中国一汽还通过与德国大众、奥迪、日本丰田、马自达等国际知名企业合资合作，还产销大众、奥迪、丰田、马自达等品牌乘用车，如图3-19所示。

图3-18　第一汽车集团和汽车商标

图3-19　一汽集团主要整车子公司

二、东风汽车集团有限公司

东风汽车集团有限公司是中国最大汽车集团之一，中国品牌500强，总部位于华中地区最大城市武汉，其前身是1969年始建于湖北十堰的"第二汽车制造厂"，经过40多年的建设，已陆续建成了十堰(主要以中、重型商用车、零部件、汽车装备事业为主)、襄阳(以轻型商用车、乘用车为主)、武汉(以乘用车为主)、广州(以乘用车为主)四大基地。除此之外，还在上海、广西柳州、江苏盐城、四川南充、河南郑州、新疆乌鲁木齐、辽宁朝阳、浙江杭州、云南昆明等地设有分支企业。

东风汽车集团有限公司最近10年来的发展，充分借助与跨国公司的战略合作推动企业发展，先后扩大和提升与法国PSA集团的合作；与日产进行全面合资重组；与本田拓展合作领域；与江苏悦达集团、韩国起亚集团整合重组东风悦达起亚；与重庆渝安创新科技集团合资生产东风小康微车等，如图3-20所示。

图3-20 东风集团主要合资子公司

东风汽车商标（图3-21），以艺术变形手法，取燕子凌空飞翔时的剪形尾羽作为图案基础，采用了含蓄的表现手法。主要含意是双燕舞东风。它格调新颖，寓意深远，使人自然联想到东风送暖，春光明媚，神州大地生机盎然的景象，给人以启迪，给人以力量。东风汽车集团有限公司原名为第二汽车制造厂，二汽的"二"字寓意于双燕之中,戏跃翻飞的春燕，还象征着东风牌汽车车轮不停地旋转，奔驰在祖国大地，冲出亚洲，奔向世界。

图3-21 东风汽车商标

三 上海汽车集团股份有限公司

上海汽车集团股份有限公司（简称"上汽集团"）是从20世纪50年代汽车修配和拖拉机制造起步，目前已经成为国内A股市场最大的汽车上市公司。主要从事乘用车、商用车和汽车零部件的生产、销售、开发、投资及相关的汽车服务贸易和金融业务。2009年，上汽集团整车销售超过270万辆，跻身于世界第八大汽车集团。在国内汽车集团排名中继续保持第一位，在2018年《财富》世界500强排行榜第36名。

上汽集团坚持自主开发与对外合作并举，通过加强与德国大众、美国通用等全球著名汽车公司的战略合作，形成上海通用、上海大众、上汽双龙、上海通用五菱、上海申沃等系列产品。推进自主品牌建设，推出了荣威品牌，逐步形成了合资品牌和自主品牌共同发展的格局，如图3-22所示。

图3-22 上汽集团整车子公司

荣威（Roewe）是上汽集团旗下的一款汽车品牌，于2006年10月推出。该品牌下的汽车技术来源于上汽之前收购的罗孚，但上汽并未收购"罗孚"品牌。2006年10月12日，上海汽车（集团）股份有限公司（以下简称"上汽股份"）正式对外宣布，其自主品牌定名为"荣威（Roewe）"，取意"创新殊荣、威仪四海"。荣威的品牌在4年时间里面发展迅速，其产品已经覆盖中级车与中高级车市场，"科技化"已经成为荣威汽车的品牌标签。荣威品牌口号为"品位，科技，实现"。

荣威的商标（图3-23）延续了罗孚的盾形，不过构成元素却已大相径庭。由红、黑、金三种中国传统色彩、东方雄狮、华表和RW组合，代替了原来维京人的大海船的船首和帆。

图3-23 荣威商标

四 长安汽车集团股份有限公司

中国长安汽车集团股份有限公司（简称中国长安），原名中国南方工业汽车股份有限公司，成立于2005年12月，是中国兵器装备集团公司、中国航空工业集团公司两大世界500强、中国50强企业强强联手，对旗下汽车产业进行战略重组，成立的一家特大型企业集团，是中国四大汽车集团之一，总部设在北京。

中国长安始终坚持自主研发，持续打造世界一流的研发实力：现已建立起"五国九地"各有侧重的全球协同研发格局，如图3-24所示。每年将销售收入的5%投入到研发，"十一五"至"十二五"期间已累计投入496亿元。拥有员工9万余人，先后有14人入选国家"千人计划"，居中国汽车行业前列。发动机设计、变速器开发、试验试制、机车集成等研发能力提升显著，整体研发能力中国品牌领先。

图3-24 长安全球研发格局

目前，中国长安形成了整车、零部件、动力总成、商贸服务四大主业板块，构建了垂直一体化的产业链。在整车领域，中国长安汽车集团先后携手福特、铃木（长安铃木、昌河铃木）、马自达、法国标致雪铁龙集团（PSA）等跨国企业建立了战略合作伙伴关系，并整合国内优质资源，旗下共有十余个整车品牌，如图3-25所示。其中，"长安"荣获"中国驰名商标"称号，品牌价值突破人民币270.06亿元（2010年）。

图3-25 中国长安汽车集团的品牌矩阵

重庆长安汽车股份有限公司，简称长安汽车或重庆长安，为中国长安汽车集团股份有限公司旗下的核心整车企业。其前身可追溯到1862年李鸿章在上海淞江创建的上海洋炮局，曾开创了中国近代工业的先河。20世纪70年代末80年代初，公司积极响应国家军转民的号召，正式进入汽车产业领域，逐步发展壮大．1984年，中国第一辆微车在长安下线。1996年从原母公司独立，成立了重庆长安汽车股份有限公司。

长安汽车标志（图3-26）创意来自于抽象的羊角形象，充分体现了长安汽车中国汽车行业"领头羊"的地位。融合、聚集的感觉强烈，表明长安汽车整合多方资源，团队紧密合作，应用发展创新的经营理念和"自强不息、铸造经典"的战略目标。

图3-26 长安乘用车商标

五 中国其他汽车公司

1 奇瑞汽车公司

中国奇瑞汽车股份有限公司于1997年1月8日注册成立，现注册资本为36.8亿元，总部位于安徽省芜湖市。公司于1997年3月18日动工建设，1999年12月18日，第一辆奇瑞轿车下线；以2010年3月26日第200万辆汽车下线为标志，奇瑞进入打造国际名牌的新时期。目前，奇瑞公司已具备年产90万辆整车、发动机和40万套变速器的生产能力。

成长最猛的中国自主开发企业是奇瑞，它经常在媒体报道中被称之为"黑马"，因为这个生产自主品牌汽车的企业好像是突然从地下冒出来的，一出世就开始了爆炸式的成长。2003年，奇瑞一口气推出三款新车型，即QQ、东方之子和旗云。2004年，中国"十大畅销车型"中表现最突出的是奇瑞QQ（图3-27），在北京上市销售不过4个月，却能挤进前十名，成绩十分引人注目。奇瑞QQ也成为微型轿车的代名词。

图3-27 奇瑞QQ

奇瑞公司旗下现有奇瑞、瑞麒、威麟和观致等多个子品牌（图3-28），产品覆盖乘用车、商用车、微型车领域。目前，奇瑞已有16个系列数十款车型投放市场，另有数十款储备车型将相继上市。奇瑞以"安全、节能、环保"为产品诉求，先后通过ISO9001、德国莱茵公司ISO/TS16949等国际质量体系认证。多年来，以"零缺陷"为目标的奇瑞产品受到消费者青睐，2009年实现整车销售达50万辆，同比2008年增长40%，连续9年蝉联中国自主品牌销量冠军，连续7年成为中国最大的乘用车出口企业。

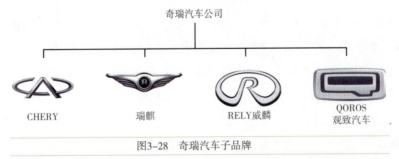

图3-28 奇瑞汽车子品牌

奇瑞标志的主体是英文字母CAC（CHERY AUTOMOBILE CORPORATION LIMITED，中文意思是奇瑞汽车股份有限公司）一种艺术化变形；标志中间A为一变体的"人"字，预示着公司以人为本的经营理念；徽标两边的C字向上环绕，如同人的两个臂膀，象征着一种团结和力量，环绕成地球型的椭圆状；中间的A在椭圆上方的断开处向上延伸，寓意奇瑞公司发展无穷，潜力无限，追求无限。

❷ 吉利汽车公司

浙江吉利控股集团有限公司是一家以汽车及汽车零部件生产经营为主要产业的大型

民营企业集团，始建于1986年，总部设在浙江省省会城市杭州，在临海、宁波、台州、上海建有四个专门从事汽车整车和汽车零部件生产的制造基地，现已拥有年产50万辆整车、30万台发动机和20万台变速器的生产能力。吉利现有的四大子品牌，分别是上海华普、英伦汽车、帝豪、全球鹰，代表了不同的品牌诉求（图3-29）。

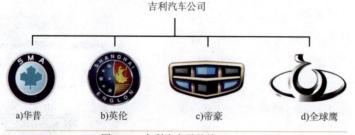

图3-29 吉利汽车子品牌

2010年3月28日，浙江吉利控股集团有限公司（简称吉利集团）在瑞典哥德堡与福特汽车签署最终股权收购协议，获得沃尔沃轿车公司100%的股权以及包括知识产权的相关资产，涉及金额18亿美元，已在2010年第三季度完成交割。将其总部设在上海，并且分别在成都（VCCD）和大庆（VCDQ）两地新建工厂。

（1）华普汽车。诞生于上海，从"在上海区域内按上海标准生产的汽车"角度，提出"海派汽车"的概念，和"享受海派生活"的品牌诉求口号，逐渐形成品牌塑造中的创新元素：精致、运动、时尚。把上海美好的城市精神熔铸成产品和品牌的核心价值，让用户在使用华普产品时，会感知和联想到上海的国际性、先进性、包容性、时尚性、精致性、超值性，这是华普文化造车的愿景。

（2）英伦汽车（ENGLONCAR）。传递"英伦、经典、亲切"的产品理念，已上市车型包括TX4经典出租车和英伦SC7系，2010上市车型SC5-RV。

（3）帝豪（EMGRAND）。传递"豪华、稳健、力量"的产品理念，已上市车型包括帝豪EC718、EC718-RV、EC715、EC715-RV，2010年上市车型是EC825。

（4）全球鹰（GLEAGL）。传递"时尚、激情、梦想"的产品理念，已上市车型是吉利熊猫，全球鹰GX310，即将上市车型包括GX718、GC515、GC515-RV。

❸ 比亚迪汽车公司

比亚迪股份公司（以下简称"比亚迪"）创立于1995年，是中国一家高新技术的民营企业，总部位于深圳坪山。它由20多人的规模起步，2003年成长为全球第二大充电电池生产商，同年组建比亚迪汽车。

比亚迪在广东、北京、上海、长沙、宁波和西安等地区建有九大生产基地，总面积将近1000万m²，并在美国、欧洲、日本、韩国、印度、中国台湾、中国香港等地设有分公司或办事处，现员工总数已超过14万人。在公布的2009年中国企业500强中，比亚迪排名216位。

比亚迪汽车遵循自主研发、自主生产、自主品牌的发展路线，矢志打造真正物美价廉的国民用车，产品的设计既汲取国际潮流的先进理念，又符合中国文化的审美观念。短短几年时间内，比亚迪汽车的产品线由原来单一的"福莱尔"微型轿车，迅速扩充为包括a级燃油车、c级燃油轿车、锂离子电动汽车、混合动力汽车在内的全线产品。

在几十年的追赶中，中国汽车产业已逐渐缩小了与汽车发达国家的差距，并最终在新能源汽车的研发与产业化上走在了世界的前列。比亚迪F3DM双模电动车的上市，是中国力量第一次在世界汽车技术领域扮演领跑角色，也是中国改革开放40年伟大成果的最好见证。比亚迪DM双模技术对汽车业的发展具有颠覆性意义。以中国目前的市场优势和政策鼓励，比亚迪无疑在全球新一轮汽车产业调整中占得先机，比亚迪已占据全球新能源汽车争夺战的制高点。继F3DM双模电动车上市后，比亚迪也推出纯电动汽车。

比亚迪在2007年已由蓝天白云的旧商标换成了只用三个字母和一个椭圆组成的新商标（图3-30），BYD的意思是"BUILD YOUR DREAM"，即为成就你的梦想。

a) 旧商标　　　　　　b) 新商标

图3-30　比亚迪商标

❹ 长城汽车公司

长城汽车股份有限公司（简称长城汽车）的前身是长城工业公司，是一家集体所有制企业，成立于1984年，总部在河北省保定市，目前是国内规模最大的皮卡、SUV专业厂商。下属控股子公司30余家，员工37000余人，目前产品涵盖哈弗SUV、腾翼轿车、风骏皮卡三大品类，现拥有65万辆整车产能，具备发动机、前后桥等核心零部件的自主配套能力。

在同行业中，长城汽车是国内规模最大的皮卡专业厂。从第一辆皮卡下线，公司就确定了走"专业化"的道路。在发展过程中走过了"三部曲"：一是做专，做精做专，使长城皮卡走红；二是做强，先夯实基础再分步实施；三是做大，在强的基础上成熟一个发展一个。而在扩张过程中，又注意扬长避短，优势互补，实现了"低成本扩张，高效益发展"的良性循环，逐渐形成了联合舰队，拥有研制开发、技术创新、覆盖件、发动机、前后桥等技术优势的配套资源。

长城产品理念是"定位于全球市场，融汇最新技术，打造高质价比创新技术的精美产品"。下一步，继续发挥在皮卡和SUV领域优势的同时，开发更适合国内、国外两个市场的轿车、家用车品种。

长城新标（图3-31）的基础造型保持了原本长城老标的椭圆形整体结构，由对放的字母"G"组成"W"造型，"GW"是长城汽车的英文缩写。椭圆是地球的形状，象征着长城汽车不仅要立足于中国，铸造牢不可破的汽车长城的企业目标，更蕴含着长城汽车走向世界，屹立于全球的产业梦想。新标中间凸起的造型是古老烽火台的仰视象形，烽火台的造型元素更好地保有了"长城"的基因，而挺立的姿态酷似"强有力的剑锋和箭头"，象征着长城汽车蒸蒸日上的活力，寓意着长城汽车敢于亮剑、无坚不摧、抢占制高点、永远争第一的企业精神。烽火台呈90°夹角的交接部分微微凸起，硬朗的线条更具立体感，亚光的材料质感细腻而风格内敛，符合长城汽车多年来的企业风格。传承中华五千年文明历程、积淀长城汽车多年心血精华的长城新标的启用，预示着长城汽车在国际化之路上迈出了坚实的一大步。

图3-31 长城汽车商标

除了我们介绍的这些中国汽车品牌外，我国还拥有大大小小自主汽车品牌几十余个，现在简单介绍一些品牌，见表3-2。

我国一些自主汽车品牌 表3-2

商标	品牌名称	产地
	中华汽车	沈阳
	金杯汽车	沈阳
	江淮汽车	合肥

续上表

商　标	品牌名称	产　地
	众泰汽车	浙江
	哈飞汽车	哈尔滨
	昌河汽车	江西
	福田汽车	北京
	海马汽车	海南
	东南汽车	福建

续上表

商　标	品牌名称	产　地
	中兴汽车	河北
	曙光汽车	丹东
	双环汽车	河北
	力帆汽车	重庆
	陆风汽车	江西
	长丰汽车	湖南

续上表

商　标	品牌名称	产　地
	吉奥汽车	浙江
	金龙汽车	厦门
	宇通汽车	郑州
	江铃汽车	江西
	五菱汽车	广西
	天马汽车	河北

第四章 汽车时尚

学习目标

通过本章的学习，你应该：

1. 了解汽车运动的发展和类型；
2. 知道世界著名车展；
3. 掌握汽车外形的发展变化及影响因素；
4. 了解汽车色彩的功能与含义；
5. 了解一些汽车娱乐内容。

第一节 汽车运动

汽车运动是指汽车在封闭场地内、道路上或野外，比赛速度、驾驶技术和车辆性能的一种运动。汽车运动是集人、车为一体的综合较量，不仅是车手个人技艺、意志和胆量的竞争，也是汽车设计、产品质量的角逐，体现了人与科技最完美的结合，体现了人类对自然的征服能力。

汽车运动的类型很多，按照比赛路线划分主要有：长距离比赛、环形场地赛和无道路比赛。其中比较知名的有：方程式汽车锦标赛、汽车耐力锦标赛、汽车拉力赛和卡丁车赛等。

一 汽车运动的起源

世界上最早的车赛是在1887年4月20日由法国的《汽车》杂志社主办的，参赛的只有乔乐基·布顿1个人，他驾驶四人座的蒸汽机汽车从巴黎沿塞纳河畔跑到了努伊伊。

世界上最早使用汽油汽车进行的长距离汽车公路车赛是在1894年6月由法国汽车俱乐部和《鲁·普奇·杰鲁瓦尔》报社联合举办的，路程为从巴黎到波尔多的往返，全程达1178km，如图4-1所示。获得此次比赛第一名的埃末尔·鲁瓦索尔共用时8h 45min，平均车速为24km/h。由于比赛规定车上只许乘坐一人，而他的车上却乘坐了两人而被取消了获奖资格，结果落后很远的凯弗林获得了冠军。此次参加比赛的汽车总共有23辆，跑完全程的有8辆汽油车，1辆蒸汽机车。

在以后的车赛中，为避免汽车在野外比赛时扬起漫天尘土而影响后面车手的视线，造成伤亡事件，车赛逐渐改为在封闭的道路赛场和跑道上进行，这就是汽车场地赛的雏形。最早的汽车跑道赛于1896年在美国的普罗维登斯举行。为了吸引更多的人参加汽车比赛，使比赛更富刺激和挑战性，法国的勒芒市在1905年举行了世界上第一次真正意义上的场地汽车大奖赛，如图4-2所示。从此，汽车大奖赛成为世界体育舞台上一项非常重要的赛事，小城勒芒也因此闻名于世。

图4-1 最早的汽车公路赛

图4-2 勒芒汽车大奖赛

二 汽车运动联合会

法国对赛车运动的产生及发展作出了极大的贡献，因此国际性车赛法文就称"Grand Prix"（简称GP），音译为"格兰披治"，意思就是大奖赛。1904年6月10日，在赛车运动兴盛的法国成立了国际汽车联合会（法文缩写为FIA，简称国际汽联），其会标如图4-3所示，由它负责管理全世界汽车俱乐部和各种汽车协会的活动，总部设在瑞士日内瓦。中国汽车运动联合会（FASC，简称中国汽联）于1975年在北京成立，其会标如图4-4所示，1983年加入国际汽车联合会。中国汽联主要负责全国汽车运动的业务管理。

图4-3 国际汽联会标　　图4-4 中国汽联会标

三 方程式汽车锦标赛

1950年，国际汽车联合会（FIA）出于安全和汽车技术发展的需要，颁布了赛车规格和车赛规则，于是便有了方程式（Formula）的概念。参加该类比赛所使用的赛车，必须依照国际汽车联合会制定颁发的车辆技术规则制造，所谓"方程式"实质是规则和限制的意思。方程式赛车不注重汽车的舒适、经济、外观或费用，注重的只是性能。方程式汽车锦标赛有F1、F3、F3000等级别。

一级方程式汽车锦标赛（Formula One Grand Prix Auto Racing）是方程式汽车赛的最高级别，也是所有汽车比赛中最精彩、最刺激的，又称F1汽车赛，如图4-5所示。

图4-5　F1汽车赛

1 F1车队

一支F1车队是由赛车手、试车手、车队经理、技术总监、工程师、技师以及经营管理人员、医师、营养师等组成的团队。车队每年的各种花费上亿美元，因此，每一支F1车队的背后都有巨大的资金支持。自1950年创办F1比赛以来，几乎每个赛季都会有一支车队退出，他们的空位总是会很快的被其他车队补上。因此从开赛到现在，至少有97支车队在这个舞台上展示过他们的风采，到1995年，仅有11支车队被保留了下来，也就是说在这些年中，先后有86支车队被淘汰了。在2018赛季，正式参加F1比赛一共有10支车队。其中意大利的法拉利车队、英国的迈凯轮车队和威廉姆斯车队被称为传统的三大F1车队。

法拉利车队（Ferrari）

创始人为恩佐·法拉利。车队总部在意大利马拉内罗，车队队徽如图4-6所示。首次参赛时间为1950年。赛车底盘为F60，赛车发动机使用FerrariType056，轮胎为普利司通。截至2018赛季末，获世界冠军16次，分站赛最好成绩为冠军（209次），获得杆位次数：207次，创最快圈速次数：227次。

图4-6　法拉利车队队徽

❷ 凯轮车队（McLaren）

创始人为布鲁斯·迈凯轮，车队总部在英国沃金，车队队徽如图4-7所示。首次参赛时间为1966年。车队赛车底盘为MP4-24，赛车发动机使用Mercedes-BenzFO108W，轮胎为普利司通。截至2018赛季末，获世界冠军8次，分站赛最好成绩为冠军（162次），获得杆位次数：141次，创最快圈速次数：136次。

图4-7　凯轮车队队徽

❸ 威廉姆斯车队（Williams）

创始人为弗兰克·威廉姆斯，车队总部在英国格罗弗，车队队徽如图4-8所示。首次参赛时间是1973年。赛车底盘为FW31，赛车发动机使用Toyota，轮胎为普利司通。截至2018赛季末，威廉姆斯车队获世界冠军9次，分站赛最好成绩为冠军（113次），获得杆位次数：125次，创最快圈速次数：129次。

图4-8　威廉姆斯车队队徽

❷ F1的赛车

F1的赛车外形是综合考虑减小车身迎风面积、增加与地面附着力以及赛车运动规则等因素而成型的。F1的赛车发动机位于中后部。底盘材料采用碳素纤维板，比传统铝板质量轻了1/2而强度高一倍。赛车外形要尽可能呈流线形，以获得较小的迎风面积。另外，当赛车高速前进时会产生向上的升力，使车轮与地面之间的附着力减小，导致赛车"发飘"，影响加速和制动，在赛车前部安装前翼（图4-9）、尾部安装尾翼（图4-10）后，可以增加向下的压力，使赛车行驶时的附着力增大。

图4-9　赛车的前翼

图4-10　赛车的尾翼

F1的赛车（图4-11）主要出自德国保时捷和宝马公司、意大利法拉利公司、美国福特公司和日本丰田公司等。目前，由车队制造车架、车壳，由汽车制造厂制造发动机已成为赛车制造的主流，只有法拉利公司是一家既生产发动机又生产车架、车壳的公司。

图4-11　F1的赛车

F1赛车的发动机是车赛取胜的最关键因素。目前雷诺V10、法拉利V12、奔驰V10、标致V10、雅马哈V10、福特V8、本田V10等都是著名的赛车发动机。F1赛车走过了几十年的历程，变化最大的是发动机技术。从2006赛季开始，FIA规定F1赛车所使用的发动机排量为2.4L，并限制进排气门的尺寸，发动机采用高标号的汽油作燃料，机油和水的冷却均靠行驶时产生的气流进行"风冷"。

轮胎也是赛车的关键技术。为了使发动机的动力能可靠地传递到路面，轮胎制造得相当宽大（前轮约为290mm，后轮约为380mm），用以增加与地面的接触面积。根据天气的不同，赛车选用不同的轮胎：干地胎或湿地胎，如图4-12所示。在无雨时选用干地胎，这种胎表面光滑，无任何坑纹，以利于与地面良好贴合；在湿滑条件下则要选用湿地胎，这种胎具有明显的坑纹，以利于排出轮胎与地面之间的积水，保持必要的附着力。比赛前，地面工作人员还要用特制的轮胎毯套对其进行加热或保温，使橡胶具有黏性和韧性，以获得较大的附着力，避免起动或转弯时打滑。比赛中的高速行驶及频繁的强力转向和紧急制动使轮胎磨损极快，经常需要在中途换胎。车赛就是时间的比赛，因此，赛车轮胎只有一个紧固螺栓，便于迅速拆装。

a)干地轮胎　　　　b)湿地轮胎

图4-12　F1赛车轮胎

3　F1的车手

据国际汽车联合会（FIA）规定，参加F1比赛的选手，必须持有"超级驾驶执照"。而每年，全世界有资格驾驶F1赛车的车手不能超过100名。因此，为了跻身F1赛场，每名车手必须过五关斩六将，先是小型车赛，然后是三级方程式车赛，接着是二级方程式车赛，这一切都通过了，才能获得"超级驾驶执照"，成为F1的车手。

F1车赛不仅是车速的比试，同时也是车手体能和意志的较量，所以F1车手必须集身体素质、车技、经验和斗志于一身。比赛中，高速行驶的赛车在转弯时产生巨大的离心力,这种离心力使人感到非常恶心,感觉五脏六腑都与身体骨架脱节。车手首先就必须适应这种难受的反应。为了减少离心力对颈部造成的高血压,车手们在比赛时都戴着护脖套以防头部向前冲撞到转向盘上。车手们的肌肉应该是细腻而有耐力,特别是上体颈部和肩部的肌肉要格外强壮,才能承受高速比赛时所产生的离心力和惯性力的巨大作用。

F1车赛在某种意义上说是对车手身体的摧残。由于车手一直处于神经高度紧张的状态,且赛车内温度极高,所以车手的水分、盐分和矿物质消耗得极快。据统计,在比赛过程中,车手的脉搏达140~160次/min,并且持续5h左右,在比赛高潮中,脉搏甚至高达200次/min。虽然F1车赛非常消耗体力,但车手们却不能随意补充营养、增加体重,原因在于过多的肌肉会消耗体内的能量,比赛时易感到疲劳。

F1赛事已走过了半个世纪的历程,涌现出了众多的著名车手,其中以巴西车手埃尔顿·塞纳和德国车手迈克尔·舒马赫尤为出色。

埃尔顿·塞纳(图4-13)被誉为"赛车王子"。1960年3月21日,塞纳出生于巴西的圣保罗市。1973年,年满13岁的塞纳首次参加赛车比赛,17岁时便夺得了南美冠军。20世纪80年代末至90年代初是塞纳赛车生涯的辉煌时期,他3次夺得了世界一级方程式车赛年度总冠军,塞纳一时间几乎成了F1赛事的代名词。1994年5月1日,在意大利的伊莫拉赛道的坦布雷罗弯道上,塞纳驾驶的2号赛车以约300km/h的高速撞上了水泥防护墙,不幸身亡,塞纳之死震撼了全世界。在巴西,塞纳不仅仅是一名超级车手,他还是国家的象征,民族的骄傲。

当今世界F1车坛最负盛名的车手要数迈克尔·舒马赫,如图4-14所示。舒马赫1969年1月3日出生于德国,1991年他在乔丹车队首次参加了F1大奖赛。1994年他第一次夺得世界冠军,并于次年卫冕成功。1996年他加盟法拉利车队,2000年,舒马赫为法拉利车队夺得车队与车手双料冠军,成为三届世界一级方程式车赛冠军的车手,也是法拉利车队21年来的首个冠军车手。2001年,舒马赫再为法拉利车队夺得车队与车手双料冠军。2006舒马赫宣布退役,至此共参加了211场F1车赛,获得91个分站冠军,137次登上颁奖台,并创纪录地获得7次年度车手冠军。

图4-13　埃尔顿·塞纳

图4-14　迈克尔·舒马赫

4 F1赛道

F1专用赛道均为环形（图4-15），每圈长度为3～8km，每场比赛距离为300～320km。为安全起见，赛道两旁一般铺设宽阔的草地或沙地，以便将赛道与观众隔开，同时也可作为赛车出道之后的缓冲区。FIA规定赛场不允许有过多过长的直道，目的在于限制高速，以免发生危险。这些赛场地理环境迥然相异，有的建在高原上，那里空气稀薄，用以考验车手的身体素质。有的则是街道串成的赛场，路面相对狭窄曲折；有的赛车场显得路面宽阔，但有上下坡考验车手的技术。还有的赛场建在树木葱郁的树林中，那里跑道起伏大，车手很难控制车。FIA要求各赛场的救护人员必须分布在全场的每个角落，争取在出事后尽快跑进现场，进行抢救。2004年，中国上海首次成为F1中的一站，如图4-16所示。

图4-15 德国纽博格林赛道一角

图4-16 中国上海F1赛车场

四 汽车耐力锦标赛

汽车耐力锦标赛又称"GT赛"，是汽车场地比赛的一种，为长时间耐久性汽车比赛。它以在规定的时间内完成的路程长短或车辆行驶的圈数多少来决定名次。比赛车辆分旅行车和运动原型车两类，并根据发动机的工作容积分为若干级别。比赛中每车可设2～3名驾驶人，轮流驾驶。

耐力赛中最著名的比赛是法国勒芒（Le Mans）24h世界汽车耐力锦标赛，如图4-17所示。勒芒位于法国巴黎西南约200km处，每年6月份都要举行世界24h汽车耐力锦标赛。汽车耐力赛对汽车的性能和车手的耐力都是极大的考验，这是一项艰苦的比赛。汽车制造商不惜耗资数百万美元，参加勒芒汽车大赛，利用这项大赛来提高公司的声誉。

第四章 汽车时尚

图4-17　勒芒24h耐力赛

五 汽车拉力赛

汽车拉力赛的"拉力"来自英语"Rally",意思是集合。即拉力赛是在一国或多国跨境举行的多日的、分段的长途汽车比赛。正式的汽车拉力赛是1911年在英国举行的。

1 汽车拉力赛的规则

汽车拉力赛的路面既有平坦的沥青公路,也有荒山野岭的崎岖山路。比赛时,路线上不断绝其他车辆通行,限定参赛汽车每天行驶的路程及到达时间。路线上设检查站检查是否在规定时间内通过,这是一种既检验车辆性能和质量,又考验驾驶人技术的比赛。参赛汽车须是批量生产的小轿车或经过改装的车。短的拉力赛需要几天,长的拉力赛可持续几十天。

拉力赛将出发地到终止地之间的路程分成若干个行驶路段和赛段,并在沿途设有给养站和休息站。在行驶路段行驶时,参赛汽车受到一定的时速限制,并须按规定时间抵达各路段的终点,既不能提前也不能拖后,行驶中要遵守当地的交通规则,违反规则者将被扣分。在赛段中,赛车可以全速行驶,有时车速高达200km/h以上。在整个拉力赛结束时,以跑完全程累积时间最少和被扣分数最少的汽车和驾驶人为优胜。

拉力赛主要分为两种:一种为由甲地出发,到达乙地结束的长距离马拉松拉力赛,比如人们所熟悉的巴黎-达喀尔拉力赛;另一种为赛车行驶的方向不同但均返回同一地点、历时2~3天的系列赛事,每年在不同国家和地区举办数场或十几场,世界拉力锦标赛(WRC)便是这类比赛。

2 巴黎-达喀尔拉力赛

巴黎-达喀尔拉力赛(The Paris Dakar Rally)简称达喀尔拉力赛,被称为勇敢者的游戏,是世界上最严酷和最富有冒险精神的赛车运动,比赛对车手是否为职业选手并无限制，80%左右的参赛者都为业余选手。巴黎-达喀尔的正式法语名称为"LeDakar"，每年的赛会都以赞助商或地区名称冠名。达喀尔拉力赛徽章如图4-18所示。

达喀尔拉力赛虽然名称为拉力赛，但事实上这是一个远离公路的耐力赛。比赛中需要经过的地形比普通拉力赛要复杂且艰难得多，而且参赛车辆都为真正的越野车，而非普通拉力赛中的改装轿车。拉力赛的大部分赛段都是远离公路的，需要穿过沙丘、泥浆（图4-19）、草丛、岩石和沙漠。车辆每天行驶的路程从由几千米到几百千米不等。

图4-18 达喀尔拉力赛徽章　　　　图4-19 达喀尔拉力场景

比赛的过程异常艰苦，车手白天要经受40℃的高温，晚上又要在0℃以下的低温中度过。而且，除了通常的赛车故障以外，一旦迷失方向，就要面临断油、断粮甚至放弃赛车的局面。因此，这是一场人与自然真正较量的比赛。也是因为这样，虽然每场冠军的奖金只有4500美元，但还会吸引那些不畏艰险的赛手前来参加，每场比赛产生摩托车组、小型汽车组和货车组冠军各一名。

2008年，由于非洲毛里塔尼亚境内的安全问题，无法保障参加达喀尔拉力赛的赛员和记者的安全，赛事组委会决定取消比赛。在无法确定非洲赛段内的安全问题能否保证的情形下，赛事组委会决定从2009年开始，达喀尔拉力赛撤离非洲，移师南美洲阿根廷和智利举行。

3 世界拉力锦标赛

世界拉力锦标赛（World Rally Championship，WRC）是一项由国际汽联（FIA）组织的，全世界范围内级别最高的拉力系列赛事，第一场赛事在1973年举行。WRC全年在世界各国举行14站比赛，每个分站产生分站冠军，全年各分站成绩总积分最高的一对车手和领航员赛手成为当年度的WRC世界冠军。WRC徽章如图4-20所示。

WRC的比赛规则十分详细，比如参赛车辆必须为各大汽车厂家年产量超过2500辆的原型轿车，同时对于赛车改装后的尺度、质量以及排量、功率等都有严格的限制。每辆赛车必须同时搭乘一名车手和一名领航员。车手只管开车，充分发挥自己高超的驾车水平，而领航员既要在比赛期间安排好一些生活琐事，而且还要在比赛时为车手指明每一天比赛的正确方位和路线，并在赛段里及时准确地提供前方的路况。WRC的赛站分布于全球，包括沥青、砂石和冰雪（图4-21）三种不同情况的路面。每个赛站分为若干普通赛段和特殊赛段，规则与一般拉力赛事相同。

图4-20　WRC徽章

图4-21　WRC的冰雪赛段

六　卡丁车赛

卡丁车（图4-22）运动兴起于20世纪50~60年代的欧美国家。由于卡丁车具有尺寸小、安全性强、易于操作、价格便宜的自身特点，又兼有大型赛车速度快、惊险刺激的特点，既可以从事竞技比赛，又可作为娱乐活动，因而现已成为全世界参与人数最多的汽车运动项目。

卡丁车赛是汽车场地赛项目的一种（图4-23），分方程式卡丁车、国际A、B、C、D、E级和普及级六类，共12个级别。它使用轻钢管结构，操纵简单，无车体外壳，装配100mL、125mL或250mL汽油发动机，是4轮单座位微型赛车，重心低，在曲折的环形路线上行驶，比赛速度感强。卡丁车是世界方程式赛车的最初级形式，始于1940年。由于许多著名的一级方程式赛手都是从卡丁车起步的，因此卡丁车被视为F1车手的摇篮。

图4-22　卡丁车

图4-23　2008年中国上海卡丁车大奖赛

近年来，中国的卡丁车运动取得了较大发展，全国可供比赛的场地有10处，仅北京地区已有符合比赛要求的赛道5条。中国汽联十分重视卡丁车运动的发展，1997年举办了首届中国卡丁车锦标赛，我国卡丁车运动从车手培养选拔，到运动的组织管理都已经趋于正规化。

第二节　世界著名车展

汽车展览会带来更多的概念车型、新车型、汽车展会风格和文化氛围，让人们感受到世界汽车工业跳动的脉搏。汽车展览是汽车制造商们展示新产品的舞台，在流光溢彩的样车背后，是汽车制造商们为在汽车市场上争夺市场份额而进行的殊死较量。德国法兰克福车展、美国底特律车展、瑞士日内瓦车展、法国巴黎车展和日本东京车展被誉为当今五大国际车展。

一 德国法兰克福车展

法兰克福位于德国黑森州莱茵河畔，是欧洲最大的交通枢纽和航空港。法兰克福车展（图4-24）前身为柏林车展，创办于1897年，1951年移到法兰克福举办，在每年9月份中旬举办，每两年一次，每次为期两周左右，轿车和商用车轮换展出。法兰克福车展是世界规模最大的车展，有"汽车奥运会"之称。是五大车展中技术性最强的车展，被誉为最安静的车展。作为世界五大车展之一，法兰克福车展的参展商家也包揽天下，但主要来自欧洲、美国和日本，尤其以欧洲汽车商居多。

图4-24 法兰克福车展

二 美国底特律车展

美国底特律可以说是世界与汽车联系最紧密的城市，是美国三大汽车巨头的所在地。从造车起步，靠汽车工业蜚声天下，现在底特律依然是美国这个"车轮上的国度"的发动机，底特律车展也成为当今世界最负盛名的车展之一。底特律车展（图4-25）创始于1907年，每年1月举办，是世界上历史最长、规模最大的汽车展之一，由于在年初举办，被誉为"全球汽车风向标"。作为美国汽车市场的传统烙印，底特律车展基本上是日本车和美国车的天下。

图4-25 底特律车展

三 瑞士日内瓦车展

瑞士没有自己的汽车工业，而日内瓦却承办着世界最知名的车展之一。日内瓦始终是一个让人刮目相看的城市，每年一度的日内瓦车展，以其迷人的景致，处处公平的氛围和细致入微的参展规则，最淡的地方保护主义色彩。受到世界汽车巨头们的好评，更为众多观光者所青睐。

日内瓦车展（图4-26）始于1905年，每年3月举行，在第二次世界大战期间暂停了7年。是世界五大车展中最热闹的车展，被誉为"国际汽车潮流风向标"。

图4-26 日内瓦车展

四 法国巴黎车展

作为浪漫之都的巴黎，它的车展总能给人新车云集、争奇斗艳的感觉，充满时尚是巴黎车展（图4-27）的突出特点。1898年6月，首次举办巴黎车展，自1923年开始，车展改在10月的第一个星期三举办，这一惯例一直延续到今天。1976年起车展定为每两年举行一次，到2018年已举办了83届。世界各大巨头总喜欢把最先进的技术产品放在巴黎露面，而两年一届的巴黎车展，也是概念车云集的海洋，各款新奇古怪的概念车常常使观众眼前一亮。

图4-27 巴黎车展

五 日本东京车展

东京是日本的首都，是亚洲第一大城市，世界第二大城市，全球最大的经济中心之一。东京车展（图4-28）创办于1966年，每年10月底举行，单数年为轿车展，双数年为商用车展。历来是日本本土生产的各种千姿百态的小型汽车唱主角的舞台，这也是与其他国际著名车展相比最鲜明的特征。同时，各种各样的汽车电子设备和技术也是展会的一大亮点。最年轻的东京国际汽车展发展非常快，日本人对技术的崇拜使这一展会成为最新汽车科技的集中展示地。环保和节能始终是东京车展的亮点，与其他西方大型车展相比，日本车展更具有亚洲东方神韵。日本厂商多款造型小巧精美、内饰高档的车总能成为车展的主角。

图4-28 东京车展

第三节 汽车外形

一 影响汽车外形的因素

确定汽车外形有三个基本要素，即机械工程学、人机工程学和空气动力学。前两个要素在决定汽车构造的基本骨架上具有重要意义，特别在设计初期，受这两个要素的制约更大。

作为汽车，最主要的是能够行驶和耐用，以此为前提，首先必须考虑到机械工程学的要素，包括发动机、变速器内部结构设计。要使汽车具有行走功能，必须安装发动机、变速器、车轮、制动器、散热器等装置，而且还要考虑把这些装置安装在车体的哪个部位才能使汽车更好地行驶。这些设计决定之后，可根据发动机、变速器的大小和驱动形式确定大致的车身骨架。如果是大批量生产，则要强调降低成本，车身钣金件冲压加工的简易化，同时兼顾到维修的简便性，即使发生撞车事故后，车身要易于修复，上述这些都属于机械工程学的范畴。

其次是人机工程学要素。因为汽车是由人驾驶的，所以必须保证安全性和舒适性。首先应确保乘员的空间，保证乘坐舒适，驾驶方便，并尽量扩大驾驶人的视野。此外，还要考虑上下车方便并减少振动。这些都是设计车身外形时与人机工程学有关的内容。

以上两个要素决定了汽车的基本骨架，也可以说是汽车内部的结构对车身的设计产生了制约。在确定汽车外形的时候，来自外部的制约条件即空气动力学要素则显得尤为重要，特别是近年来，由于发动机功率增大、道路条件改善，汽车的速度显著提高之后，空气动力学要素更显得重要。

高速行驶的汽车，肯定会受到空气阻力。空气阻力的大小，大致与车速的平方成比例增加。因此，必须在车身外形上下工夫，尽量减少空气阻力。空气阻力分为由汽车横截面面积所决定的迎风阻力和由车身外形所决定的形状阻力。除空气阻力外，还有升力问题和横风不稳定问题，这些都是与汽车造型密切相关的空气动力学问题。

当然，汽车并不仅仅是根据上述三要素制造的，还要考虑其他因素。例如，商品学要素对汽车的设计就有一定的影响。从制造厂商的角度出发，使汽车的外形能强烈刺激顾客的购买欲是最为有利的。但是无视或轻视前面所述的三个基本要素，单纯取媚于顾客的汽车造型是不长久的，终究要被淘汰。此外，一个国家，一个厂家，乃至一个外形设计者都有各自的特色，这对汽车造型也有不小的影响。比较美国和意大利的汽车外形，就能感受到两国风土人情和传统方面的差异。同一国家的不同厂家，也各具自己的风格。但这都不是决定汽车外形的根本因素，只不过是表现方法上的微妙不同。

要将上述三要素完美地体现在一辆汽车上是相当困难的。比如，仅仅考虑使汽车能行驶，即机械工程学要素，就可以把座椅置于发动机上面，但驾驶人操作不便。如果把汽车设计得像一座住宅装上4个轮子，虽然宽敞、舒适，但空气阻力太大，不可能高速行驶。如果把汽车设计成皮艇那样的外形，空气阻力虽然很小，但车内的空间就没有了。尽管困难很多，但自汽车问世以来，人们就一直在追求满足功能要求的理想造型。

二 汽车外形的演变

汽车外形经历了马车形、箱形、甲壳虫形、船形、鱼形、楔形和子弹头形等的发展演变。

1 马车形汽车

早期的汽车被称为"无马的马车",因为当时的汽车车身基本上沿用马车的形状(图4-29),只是在马车的基础上把马换成了发动机而已。当时的马车形车身与我国古时的兵车车身并无本质上的区别。不过是一种箱形加上座椅,车身上部或为敞篷或为活动篷布用来避雨挡光,这样的车身难以抵挡较强烈的风雨侵袭,给乘坐者带来了极大的不便。

图4-29 马车形汽车

2 箱形汽车

由于马车形汽车很难抵挡风雨的侵袭,1915年福特公司生产了一种新型T型汽车,它很像一个大箱子,箱子上部装有门窗,实际上只是在原来的马车车身上做了局部的改进,人们把装有这类车身的汽车称为箱形汽车,如图4-30所示。

说起箱形车身不由让人想到我们现在乘坐的客车(图4-31),现在的客车车身不论是豪华型还是普通型,也不论车身内饰和外形如何变化,供乘客使用的空间不过是一个长方体的箱形空间,也就是说,箱型车身延续至今仍然有着不可替代的生命力。

图4-30 箱形汽车　　　　图4-31 现代客车的箱形车身

箱形汽车重视了人机工程学,内部空间大、乘坐舒适,有活动房间的美称。但是人们使用汽车是为了能更快地到达目的地,所以不断地发展相应的技术来提高车速,随着车速的提高,空气阻力大的问题暴露出来。因此,人们又开始了新的研究——流线形车身。

3 甲壳虫形汽车

由于箱形车的阻力大,影响前进速度,人们才逐渐认识到了空气阻力的重要性。最佳的方案是采用流线形的车身,流线形是指空气流过不产生旋涡的理想形状,流线形应用的最高境界是飞机的机翼。但是作为汽车绝对的流线形是不现实的,目前汽车的外形均是流线形的变化型。

1934年美国的克莱斯勒公司生产的气流牌小客车(图4-32),首先采用了流线形的车身外形。1936年福特公司在"气流"的基础上,研制成功林肯和风牌流线形小客车(图4-33)。此车散热器罩很精炼,颇具动感,俯视整个车身呈纺锤形,很有特色。

图4-32　气流牌小客车

图4-33　林肯和风牌流线形小客车

　　流线形车身的大量生产从德国"大众"开始。1933年德国的波尔舍博士设计了一种类似甲壳虫外形的汽车，如图4-34所示。波尔舍博士把甲壳虫的自然美如实地、天才地运用到车身造型上，甲壳虫形车身迎风阻力很小，空气动力学的原理在这种车身上得到了很好的应用，也为以后在车身外形设计上运用"仿生学"开创了先河。波尔舍最大限度地发挥了甲壳虫外形的长处，使其成为同类车中之王，"甲壳虫"也成为该车的代名词。由于第二次世界大战的原因，甲壳虫形汽车直到1949年才真正大批量生产，并以一种车型累计生产超过2000万辆的纪录畅销世界各地。目前，大众公司仍在生产以这种车身形状为主要外形的乘用车，如图4-35所示。但是甲壳虫形的汽车也有缺点：一是乘员活动空间狭小；二是对横向风的不稳定性。

图4-34　1933年的甲壳虫汽车

图4-35　现代甲壳虫形汽车

④ 船形汽车

　　美国福特公司经过几年的努力，于1949年推出具有历史意义的福特V8型汽车。这种车型改变了以往汽车造型的模式，使前翼子板和发动机罩，后翼子板和行李舱罩融于一体，前照灯和散热器罩也形成一个平滑的面，车室位于车的中部，整个车身造型仿如几个长方体的几何形体拼成一个船形，所以人们把这类车称为船形汽车，如图4-36所示。

图4-36　福特V8船形汽车

　　福特V8型汽车的成功，不仅在外形上有所突破，还首先把人机工程学应用在汽车的设计上，强调以人为主体来设计便于操纵、乘坐舒服的汽车。由于船形车身使发动机前置，从而使汽车重心相对前移，而且加大了行李舱，使风压中心位于汽车重心之后，从而避免了甲壳虫形车身对横风不稳定的问题。从20世纪50年代至今，现在的轿车无论为流线形还是在前翼子板与发动机罩之间大圆角过渡，或者在轿车尾部做变动，都能看到船形车身的影子。

船形汽车存在的缺点：由于汽车的尾部过分的伸长，形成了阶梯状，高速行驶时会产生较强的空气涡流，因此影响了车速的提高。

⑤ 鱼形汽车

船形汽车尾部过分向后伸出，形成阶梯状，在高速时会产生较强的空气涡流。为了克服这一缺陷，人们把船形车的后窗玻璃逐渐倾斜，倾斜的极限即成为斜背式。由于斜背式汽车的背部像鱼的脊背，所以这类车称为"鱼形汽车"，如图4-37所示。鱼形汽车和甲壳虫形汽车从背部来看很相似，但仔细观察可以看出，鱼形汽车的背部和地面的角度比较小，尾部较长。鱼形汽车基本上保留了船形汽车的长处，车室宽大、视野开阔、舒适性好；另外，鱼形汽车还增大了行李舱的容积。最初的鱼形车是美国1952年生产的别克牌小客车。1964年美国的克莱斯勒·顺风牌和1965年的福特·野马牌都采用了鱼形造型。自顺风牌以后，世界各国逐渐生产鱼形汽车。

鱼形汽车也存在缺点：鱼形汽车后窗玻璃倾斜度大、面积增加、强度下降，产生结构上的缺陷。由于鱼形车的造型原因，在高速时会产生一种升力，使车轮附着力减小，从而抵挡不住横风的吹袭，易发生偏离的危险。为了克服鱼形车的这一缺点，人们在鱼形车的尾部安上一只翘的"鸭尾"（图4-38），以克服一部分升力。

图4-37 鱼形汽车

图4-38 汽车尾部的"鸭尾"结构

⑥ 楔形汽车

为了从根本上解决鱼形汽车的升力问题，人们设想了种种方案，最后设计出了楔形汽车（图4-39）。就是将车身整体向前下方倾斜，车身后部像刀切一样平直，这种造型能有效地克服升力。1963年，司蒂倍克·阿本提第一次设计了楔形汽车。楔形对于目前所考虑到的高速汽车，已接近于理想的造型。现在世界各大汽车生产国都已生产出带有楔形效果的汽车，这些汽车的外形清爽利落、

图4-39 楔形汽车

简洁大方,具有现代气息,给人以美的享受。

楔形汽车对于一般轿车而言也只是一种准楔形,绝对的楔形汽车造型会影响车身的实用性(乘员空间小)。所以,除一些跑车、赛车采用楔形车身外,绝大多数实用型轿车都是采用船形与楔形相结合的方案,它较好地协调了乘坐空间、空气阻力和升力的关系,使实用性与空气动力较好地结合起来。

7 子弹头形汽车

汽车的外形发展到楔形以后,升力的问题基本上得到了解决。但人类追求至善至美的心态是永无止境的,人们又从改变轿车的基本概念上做起了文章。于是一种新型的轿车——多用途轿车(MPV)问世了。

尽管这种汽车仍以传统轿车外形为原型,但其车身造型却一改轿车传统的两厢或三厢结构形式,在轻型客车的基础上进一步发展,使之成为既有轿车的造型风格、操纵性能和乘坐感觉等特性,又具有轻型客车多乘客和大空间的优点,成为集商务、家用和旅游休闲功能为一体的多用途车。由于这种车得造型酷似子弹头,因此,在我国,人们将其俗称为"子弹头"汽车,如图4-40所示。

图4-40 子弹头汽车

三 未来的汽车外形

汽车百年发展长河中,外形的演变是重要组成部分。未来我们的汽车会是怎样一幅面貌?新造型、新元素、新材质的采用以及更节能、更环保、更个性的外形将把汽车引向我们的想象之外。比如绿色环保采用光电转换技术的"叶子"汽车(图4-41),不会堵车的飞行汽车(图4-42),造型奇特、个性的"鞋子"汽车(图4-43),外形模仿动物的仿生汽车(图4-44)。也许有一天,我们已经记不起汽车最初的模样,未来会超越我们的想象。

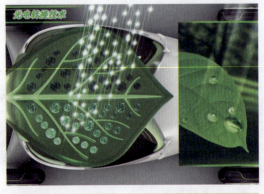

图4-41 "叶子"汽车

图4-42 飞行汽车

图4-43 "鞋子"汽车

图4-44 仿生汽车

第四节 汽车色彩

色彩是汽车的重要组成部分，优美的色彩设计能够提高产品的外观质量和增强产品的市场竞争力。人们在观察汽车的瞬间，首先映入眼帘的是汽车色彩，然后才是外形、质感。也就是说，人的视觉神经对色彩的感知是最快的，其次是形态，质感。

一 色彩学基础

色彩是一种视觉现象，只有光线照射在物体上时，经过物体表面色彩对光线的吸收和反射，再作用于人的视觉器官从而形成了色彩的感觉。

根据色彩的组成要素分析，任何色彩都具有三种物理属性，即色相、明度和纯度，称为色彩的三要素。其中色调与光波的波长有直接关系，亮度和饱和度与光波的幅度有关。人眼看到的任一彩色光都是这三个特性的综合效果，色彩三要素是认识和表现色彩的基本依据，也是鉴别、分析色彩的标准。

色相是指色彩具有的相貌特征。一个色名就代表一种色彩的相貌，如红、黄、绿即为不同的色相。色相在光谱带上的序列是从红到紫直线排列，如图4-45所示。其中红、黄、蓝为三种原色，橙、绿、紫为二次色，红橙、黄橙、黄绿、蓝绿、蓝紫、红紫为三次色。

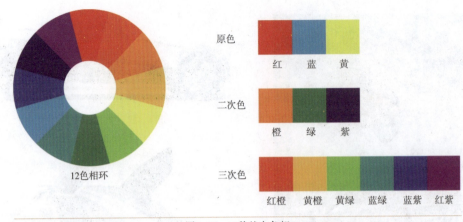

图4-45　12种基本色相

明度是指色彩的明暗程度。每种色彩都有其自身的明暗程度。

纯度是指色彩的饱和程度，也可以理解为某色相中色素的含量。色彩达到饱和状态时称为色。标准色就是纯色，所以标准色纯度最高，最鲜艳。在无色彩系中，如黑、灰、白，它们没有纯度，只有明度差别。

目前我国对色彩的表示方法，多以色相命名，而对明度和纯度的表示，大多以修饰语加以区别，通常有以下几类：以自然物的色彩命名，如苹果绿、橘黄、驼灰、孔雀蓝、象牙白等；以色彩浓度命名，如淡黄、浅绿、深黄等；以色彩的明暗命名，如明绿、暗绿、正绿等。这种命名的方法，直观、想像力强，但准确度差。

二 汽车的使用功能与色彩

汽车在使用过程中，已形成一些惯用色彩。消防车采用红色(图4-46)，使人们知道有火灾发生，赶紧避让。白色的救护车(图4-47)，是运用白色的纯洁、神圣。邮政车(图4-48)选择绿色给人以和平、安全的感觉。作为军用车(图4-49)一般都为迷彩色，使车辆与草木、地面颜色相近，达到隐蔽安全的目的。工程车辆(图4-50)多为黄色，是运用黄色亮度高、醒目的特点，以引起行人和其他车辆的注意。

图4-46　红色消防车

图4-47　白色救护车

图4-48　绿色邮政车

图4-49 迷彩色军用车

图4-50 黄色工程车辆

三 汽车的使用对象与色彩

由于不同地区使用环境的差别，造成了人们对不同色彩的偏爱。在美国，东部的人们喜欢淡色，西部的人们喜欢鲜明色。伊朗、科威特、伊拉克等中东国家的人们更喜欢绿色，绿洲是生活在黄色沙漠的宝地，绿色是生命之源。

由于各国、各民族、各地区的社会政治、经济、文化教育以及生活习惯的不同，表现出人们的色彩观念不同。美国人喜欢白色和红色；英国人喜欢红色、紫色以及与此相关的枣红色和咖啡色等；德国人喜欢黑色、蓝色；意大利人喜欢红色、黄色；日本人喜欢白色；中国人喜欢黑色、红色。近年来，国内汽车的色彩也开始丰富起来。

就车主个性而言，由于在年龄、性别、性格以及文化程度和社会地位等方面的差异，都能影响车主对汽车色彩的选择。比如男性消费者所倾向的颜色多集中在体现沉稳的暗色系（图4-51），如黑色、灰色、银色等。女性消费者所倾向的颜色多集中在体现时尚的亮色系（图4-52），如红色、黄色、蓝色等。

图4-51 男性倾向的暗色系汽车

图4-52 女性倾向的亮色系汽车

四 汽车的安全与色彩

安全行车与汽车色彩也有一定的关系。在心理学上，人们将深蓝色和深绿色称为收缩色(或后退色)，看起来比实际小，看上去距离观察者较远。将黄色、红色称为膨胀色(或前进色)，看起来比实际大，看上去距离观察者较近。在以黑色为背景时，黄色、白色更容易引起人们的注意，尤其在傍晚、雾天和下雨天时更醒目，所以汽车色彩以黄色较为安全。不同颜色汽车的事故率如图4-53所示。

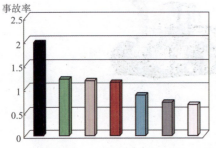

图4-53 不同颜色汽车的事故率

汽车内饰的颜色选择也同样影响着行车安全。因为，不同的颜色对驾驶人的情绪具有一定的影响。内饰采用明快的配色，能给人以宽敞、舒适的感觉。有专家建议，夏天最好采用冷色内饰（图4-54），冬天最好采用暖色内饰（图4-55），可以调节冷暖感觉。恰当地使用色彩装饰可以减轻疲劳，减少交通事故的发生。

图4-54 冷色内饰

图4-55 暖色内饰

第五节　汽车娱乐

一 汽车俱乐部

随着世界汽车工业的不断发展和人们对汽车的需要和兴趣，各种形形色色的汽车俱乐部也相继诞生。汽车俱乐部不生产具体的产品，它所提供的产品是一种服务。对于一个综合性汽车俱乐部而言，这种服务又分为生产型服务和生活型服务。生产型服务是指俱乐部为会员提供各种对车辆和车主本人的有关车辆的服务，它的目的是为广大会员解决在使用车辆的过程所产生的实际困难；而生活型服务则是以会员为主体的各种休闲、娱乐和交友服务。汽车俱乐部是经营汽车文化的重要形式，它促使汽车文化越加繁荣丰富。

汽车俱乐部是以会员制的形式，将社会上高度分散的汽车组织到一起，通过发挥规模效应和服务网络的优势，给会员车辆提供单车和小单位很难办到的一些服务，从而给会员带来诸多方便和实惠，而俱乐部本身，也从会费中取得一定的收益。随着会员人数的不断增多，俱乐部服务的范围也在不断扩大，金融、保险、房地产、汽车生产厂都开始与俱乐部联系。

如今汽车俱乐部在发达国家早已盛行，并且形成一个非常大的行业。据统计，世界各国汽车俱乐部的会员总数至少有2亿人。其中规模最大的当数美国，在全国9000万驾驶人中，已有4200万人成为会员。俱乐部这个组织形式不仅创造了大量就业岗位，而且每年营业额也很可观。世界上最大的汽车俱乐部——ＡＡＡ美国汽车协会（简称ＡＡＡ）是仅次于罗马天主教会的第二大会员组织，如图4-56所示。

图4-56　美国汽车协会会标

二 汽车电影

从汽车诞生至今的100多年历程中，汽车文明展现着人类对智慧、速度、力量和美的不懈追求。而1895年12月28日诞生的电影，也通过胶片的运转，在想象空间中记录历史，娱乐视觉，创造着百年奇幻旅程。

时至今日，炫色汽车已经成为电影娱乐的重要元素，金属机器带来的速度美感在吸引着所有观众的目光。正如著名好莱坞影星威尔·史密斯所说的那样："惊险片中如果没有车战场景，票房就会很惨淡，这几乎成为了惯例。"汽车在电影中已经不再仅仅是个配角，它们有的时候还会成为电影的主角，如图4-57所示。

图4-57　变形金刚

同时随着影像的传播，顶级汽车制造厂商的名字也日益深入人心，创造着不菲的商业价值。以汽车为主角的"汽车电影"的出现更为汽车设计赋予了更大的想象空间，让电影与汽车的结合已经是商业娱乐之间的双赢！

第五章　新能源汽车

学习目标

通过本章的学习，你应该：

1. 了解电动汽车的组成、原理及特点；
2. 知道混合动力汽车的组成、原理及特点；
3. 了解代用燃料汽车的类型；
4. 了解太阳能汽车的组成、原理及特点。

第一节　电动汽车

随着能源和环境问题的日益突出，新能源汽车逐渐得到人们的重视。新能源汽车是指采用新型动力系统，完全或主要依靠新型能源驱动的汽车。它包括混合动力汽车（HEV）、纯电动汽车（BEV）、燃料电池电动汽车（FCEV）。

电动汽车是指以车载电源为动力，用电动机驱动车轮行驶，符合道路交通、安全法规各项要求的车辆。由于其对环境影响相对传统汽车较小，其前景被广泛看好。

一　电动汽车的发展现状

电动汽车及其相关技术，近年都有巨大的进步，比如：交流感应电动机及其控制，稀土永磁无刷电动机及其控制，电池和整车能量管理系统，智能及快速充电技术，低阻力轮胎，轻量和低风阻车身，制动能量回收等，这些技术的进步使电动汽车日见完善和走向实用化。

目前最大的困难在于蓄电池技术。蓄电池单位质量储存的能量太少，还因电动车的蓄电池较贵，又没形成经济规模，故购买价格较贵。至于使用成本，有些试用结果比汽车贵,有些结果仅为汽车的1/3,这主要取决于蓄电池的寿命及当地的油、电价格。蓄电池是电动汽车发展的首要关键,要想在较大范围内应用电动汽车,首先需要依靠先进的蓄电池。经过10多年的筛选,现在普遍看好的有氢镍蓄电池、锂离子和锂聚合物蓄电池。氢镍蓄电池单位质量储存能量比铅酸蓄电池多1倍,其他性能也都优于铅酸蓄电池。但目前价格为铅酸蓄电池的4～5倍。锂是最轻、化学特性十分活泼的金属,锂离子蓄电池单位质量储存能量为铅酸蓄电池的3倍,锂聚合物蓄电池为铅酸蓄电池的4倍,而且锂资源较丰富,价格也不很贵,是很有希望的蓄电池。我国在锂离子蓄电池和镍氢蓄电池的产业化开发方面均取得了快速的发展。

电动汽车的优点是汽车本身不排放污染大气的有害气体,即使按所耗电量换算为发电厂的排放,除硫和微粒外,其他污染物也显著减少;发电厂大多建于远离人口密集的城市,对人类伤害较少,而且发电厂是固定不动的,集中的排放,清除各种有害排放物较容易,现在也已经有了相对成熟的技术;电力可以从多种一次能源获得,如煤、核能、水力等,解除了人们对石油资源日近枯竭的担心。电动汽车还可以充分利用晚间用电低谷时富余的电力充电,使发电设备日夜都能充分利用,大大提高其经济效益。有些研究表明,同样的原油经过粗炼,送至发电厂发电,经充入蓄电池,再由蓄电池驱动汽车,其能量利用效率比经过精炼变为汽油,再经汽油机驱动汽车要高,因此,有利于节约能源和减少CO_2的排量。正是这些优点,使电动汽车的研究和应用成为汽车工业的一个"热点"。

二 电动汽车的主要结构

电动汽车的组成包括:电力驱动及控制系统、驱动力传动等机械系统、完成既定任务的工作装置等。电力驱动及控制系统是电动汽车的核心,也是区别于内燃机汽车的最大不同点(图5-1)。电动汽车的其他装置基本与内燃机汽车相同。

图5-1 电动汽车的主要结构

1 电源

电源为电动汽车的驱动电机提供电能,电机将电源的电能转化为机械能,通过传动装置或直接驱动车轮和工作装置。目前电动汽车可以使用的电池从广义上讲主要可分为化学电池和物理电池,化学电池基本是目前电动汽车领域应用最为广泛的电池种类,如镍氢电池、锂离子电池、锂聚合物电池、燃料电池等都属于这一范畴。从结构角度上讲,其可进一步分成蓄电池及燃料电池(在氢能燃料电池汽车中会详细介绍)两大类别,我们目前所见的绝大多数电动汽车都采用化学蓄电池技术进行驱动,如丰田普锐斯、特斯拉MODEL S、宝马i3(图5-2)等。

图5-2 宝马i3采用锂离子电池组

2 驱动电机

驱动电机的作用是将电源的电能转化为机械能,通过传动装置或直接驱动车轮和工作装置。电动汽车经常采用的驱动电机有直流电机、异步电机、永磁同步电机和开关磁阻电机四类,见表5-1。

电动汽车常用的四种电机 表5-1

指标	直流电机	异步电机	永磁同步电机	开关磁阻电机
功率密度	低	中	高	较高
转矩性能	一般	好	好	好
转速范围(r/min)	4000~6000	9000~15000	4000~10000	15000~30000
峰值效率(%)	85~89	94~95	95~97	85~90
负荷效率(%)	80~87	90~92	85~97	78~86
过载能力(%)	200	300~500	300	300~500
电机尺寸/质量	大/重	中	小/轻	小/轻
可靠性	差	好	优良	好
结构坚固性	差	好	一般	优
控制操作性能	优	好	好	好
控制器成本	低	高	高	一般

目前市面上的主流电动汽车所采用的电机形式就是永磁同步电机和异步电机,永磁同步电机最大优点就是具有较高的功率密度与转矩密度,就是相比于其他种类的电机,在相同质量与体积下,永磁同步电机能够为新能源汽车提供最大的动力输出与加速度,如图5-3所示。这也是在对空间与自重要求极高的新能源汽车行业,永磁同步电机成为首选的主要原因。

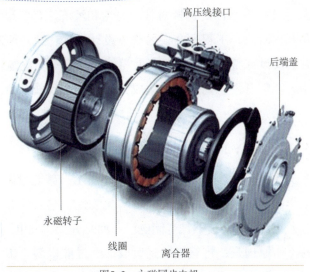

图5-3 永磁同步电机

相比于永磁同步电机,异步电机的优点是成本低、工艺简单、运行可靠耐用、维修方便,而且能忍受大幅度的工作温度变化。反之,温度大幅变化会损坏永磁同步电机。尽管在质量和体积方面,异步电机并不占优势,但其转速范围广泛以及高达20000r/min左右的峰值转速,即使不匹配二级差速器也能够满足该级别车型高速巡航的转速需求,至于质量对续航里程的影响,高能量密度的电池具有能够"掩盖"电机质量的优势。

❸ 电控系统

电动汽车电控系统是电动汽车的大脑,由各个子系统构成,每一个子系统一般由传感器、信号处理电路、电控单元、控制策略、执行机构、自诊断电路和指示灯组成。在不同类型的电动汽车上,电控系统存在一些区别,但总体来说一般都包括能量管理系统、再生制动控制系统、电机驱动控制系统、电动助力转向控制系统以及动力总成控制系统等。各个子系统功能不是简单的叠加,而是综合各子系统功能来控制电动汽车,这些控制系统汇总到一个控制器里,一般称为整车控制器(图5-4)。

图5-4 电动汽车的整车控制器

纯电动汽车电控系统的参数匹配选择对其动力性和经济性有着很大的影响。一般一辆纯电动汽车新车在开发阶段，工程师会根据整车设计目标，通过驱动电机参数、动力电池参数匹配仿真方法及设计整车控制策略，使得纯电动汽车"电池+电机+电控"三电系统在纯电动汽车动力匹配开发初期更好地集成到一起，达到最终的设计目标以及实现相关的性能和功能。

三 燃料电池汽车（FCEV）

燃料电池汽车是以氢为主要燃料的汽车，如图5-5所示。其能量源是燃料电池。燃料电池是把燃料中的化学能直接转化为电能的能量转化装置，它从外表上看有正负极和电解质等，像一个蓄电池，但实质上它不是"储电厂"而是一个"发电厂"。

氢能燃料电池的工作原理是：将氢气送到负极，经过催化剂（铂）的作用，氢原子中一个电子被分离出来，这个电子在正极的吸引下，经外部电路产生电流，失去电子的氢离子（质子）可穿过质子交换膜（即固体电解质），在正极与氧原子和电子重新结合为水。由于氧可以从空气中获得，只要不断给负极供应氢，并及时把水（蒸汽）带走，燃料电池就可以不断地提供电能，如图5-6所示。

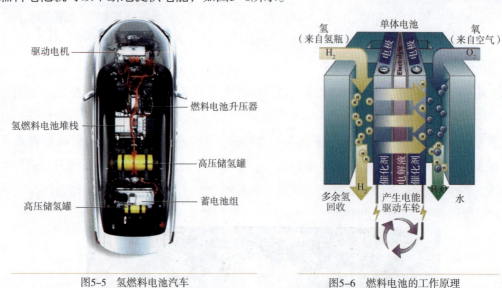

图5-5　氢燃料电池汽车　　　　　　　图5-6　燃料电池的工作原理

燃料电池的优点是：能量转化效率高。燃料电池的能量转换效率可高达60%～80%，为内燃机的2～3倍；不污染环境。燃料电池的燃料是氢和氧，生成物是清洁的水，它本身工作不产生CO和CO_2，也没有硫和微粒排出，没有高温反应，也不产生NO_x。如果使用车载的甲醇重整催化器供给氢气，仅会产生微量的CO和较少的CO_2。燃料电池本身工作没有噪声，没有振动，其电极仅作为化学反应的场所和导电的通道，本身不参与化学反应，没有损耗，寿命长。

第二节　混合动力汽车

混合动力汽车（图5-7）是指那些采用传统燃料的，同时配以电动机/发动机来改善低速动力输出和燃油消耗的车型。按照燃料种类的不同，可以分为汽油混合动力和柴油混合动力两种。

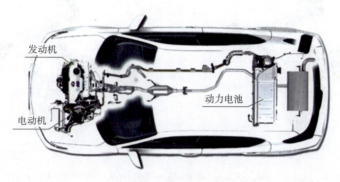

图5-7　雪铁龙公司的混合动力汽车

目前国内市场上，混合动力车辆的主流都是汽油混合动力车型，而国际市场上柴油混合动力车型发展也很快。尽管混合动力汽车有并联与串联之分，但其主要组成部分却相差不大，如图5-8所示。

（1）起步与小负荷时（图5-9）。车辆起步或极低速运行并在下陡坡时，发动机将在低效率区域中工作，此时控制系统将切断燃油，使发动机停止工作。车辆低速行驶时，特别是在下坡道路上行驶时，发动机效率下降。故可以根据发动机发生空转信号、进行燃油切断，利用电动机向车辆提供输出动力。电动机驱动车辆的路径如图5-9中路径A所示。

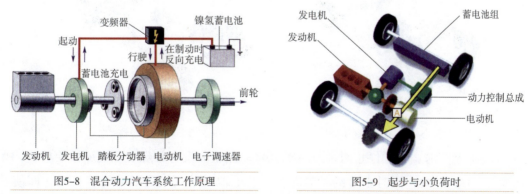

图5-8　混合动力汽车系统工作原理　　　图5-9　起步与小负荷时

（2）正常行驶时（图5-10）。在正常行驶时发动机的动力通过动力分配机构分为两条输出通路，其中之一为驱动发电机使之发电，并用所发电能驱动电动机，从而增加车轮的驱动力（路径B）；另一方面是直接驱动车轮（路径C）。这两条动力输出路径的关系，是由计算机进行控制，使之达到最优效率。如在繁华市区，可关停发动机，由蓄电池单独驱动，实现"零"排放。

（3）全开加速时（图5-11）。全开加速时，除了上述正常行驶工况中所需的动力外，还要从蓄电池中输出电流，增加车轮的驱动力。车辆的动力来自图5-11中的路径A、B、C三条。

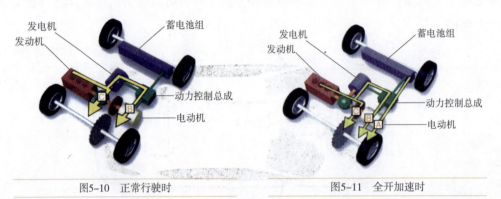

图5-10 正常行驶时　　　　图5-11 全开加速时

（4）减速与制动时（图5-12）。在减速与制动时，车轮驱动电动机，如图6-9中的路径D。这时电动机变成了发电机，利用减速或制动的能量进行再生发电。利用这一工作过程，把回收的能量存储在蓄电池中。

（5）蓄电池充电（图5-13）。对蓄电池进行控制，使之保持一定的充电状态。所以，当蓄电池的充电量减少时，通过发动机驱动发电机进行充电，使之一直达到规定的充电状态。蓄电池被控制在规定的充电状态，当充电量降低时，则驱动发电机，开始充电，如图5-13中路径E。

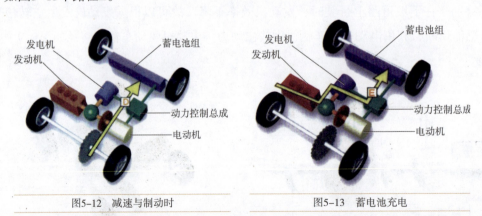

图5-12 减速与制动时　　　　图5-13 蓄电池充电

（6）停车时。车辆停止时，发动机也自动停止。没有常规发动机那样的怠速，无有害物和CO_2排放，同时也节约了能源。当蓄电池没达到规定的充电状态时，即使停车，发动机也会驱动发电机，通过路径E给蓄电池充电，可让电池保持在良好的工作状态，不发生过充、过放，延长其使用寿命，降低成本。当汽车起步时，接通点火电源，发动机达到规定的热状态后会自动停止运转。如果和空调开关联动的话，停车后发动机也会运转。

第三节　代用燃料汽车

现阶段开发和具有应用价值的代用燃料有液化石油气、天然气、生物柴油、醇类（甲醇和乙醇）、二甲醚、氢气等。

一　液化石油气

以液化石油气（LPG）为燃料的液化石油气汽车（图5-14）早已问世，目前全世界已有超过54个国家使用了LPG汽车，总数接近1500万辆。LPG是石油开采和炼制过程中的伴随产物，受石油危机的影响不可能成为汽油、柴油的稳定代替燃料。

图5-14　LPG汽车——大众Golf Plus Bifuel

二　天然气

汽车用天然气的主要成分是甲烷，其余为乙烷、丙烷、丁烷及少量其他物质。天然气汽车（图5-15）使用的天然气种类有压缩天然气（CNG）和液化天然气（LNG）两种。两者相比较，在汽车上更具推广价值的是CNG。

天然气汽车始于20世纪30年代，首先在意大利实用化。我国开发应用压缩天然气开始于20世纪80年代，1988年在原石油部和四川省政府的支持下，四川省石油管理局从国外引进了第一套压缩天然气充气装置和汽车改装技术及设备，在南充建立了全国第一座天然气充气试验站。

图5-15　CNG汽车

三 生物柴油

生物柴油是清洁的可再生能源,它以大豆和油菜籽等油料作物、油棕和黄连木等油料林木果实、工程微藻等油料水生植物以及动物油脂、废餐饮油等为原料制成的液体燃料,是优质的石油柴油代用品。美国是世界上最早研究生物柴油的国家,目前生物柴油总生产力为130万t,能够加注生物柴油的加油站遍布美国所有州。欧洲目前是全球生物柴油的主要生产地。

四 醇类

醇类燃料是指甲醇和乙醇,都属于含氧燃料。与汽油相比,醇类燃料具有较高的热输出效率,能耗折合油耗量较低,由于燃烧充分,有害气体排放较少,属于清洁能源。

甲醇俗称"木醇"或"木精"。用甲醇代替石油燃料在国外已经应用多年,20世纪80年代,我国开始了甲醇燃料的开发。目前,全世界(包括我国在内)已有70多个国家,不同程度地使用了甲醇汽车,如图5-16所示。

燃料乙醇是由有机食物(粮食、植物纤维)制成的液态燃料。乙醇汽油是燃料乙醇和普通汽油按一定比例混配形成的新型替代能源。巴西和美国是目前世界上两个乙醇汽油消耗大国。20世纪20年代巴西开始了乙醇汽车的使用,美国20世纪30年代在内布拉斯加州地区首次上市了乙醇汽油。从20世纪90年代末开始,乙醇汽油汽车(图5-17)成为各国新能源规划项目之一,逐步步入人们的视野。

图5-16 甲醇公交车

图5-17 乙醇汽油汽车——莲花Exige265E

五 二甲醚

二甲醚又称甲醚,英文缩写为DME,能从煤、煤气层、天然气、生物质等多种资源中提取。以二甲醚为原料的二甲醚汽车(图5-18)的进一步发展将有效地解决原油危机和能源安全问题。

第五章 新能源汽车

图5-18 二甲醚公交车

六 氢气

氢气汽车指用氢气直接作为燃料的汽车，它是传统汽车最理想的替代方案。氢气的来源主要是电解水、碳氢化合物的裂解和工业废氢。

1807年Isaac de Rivas制造了首辆氢内燃车；1990年，日本武藏工业大学展出使用液氢储罐的燃氢轿车；1996年，宝马汽车公司推出了新式氢能源汽车（图5-19），被称为"汽车发展史上的一个里程碑"。2008年，中国长安汽车在北京车展上展出了自主研发的中国首款内燃氢动力概念跑车"氢程"，如图5-20所示。

图5-19 宝马新式氢能源汽车

图5-20 "氢程"氢能源汽车

第四节 太阳能汽车

太阳能汽车（图5-21）是一种靠太阳能来驱动的汽车。相比传统热机驱动的汽车，太阳能汽车是真正的零排放。正因为其环保的特点，太阳能汽车被诸多国家所提倡，太阳能汽车产业的发展也日益蓬勃。

一 概述

汽车用的燃料是汽油和柴油等,它们都是从石油中提炼出来的。然而,石油这种矿物燃料是不能再生的,用一点就少一点,总有一天要用完。据科学家们预计,目前世界上已探明的石油储量将于2020年左右被采尽。因此,汽车将会出现挨受"饥饿"的危险,人类将面临着能源的挑战。从另一方面来说,石油本身就是一种宝贵的化工原料,可以用来制造塑料、合成橡胶和合成纤维等。把石油作为燃料烧掉了,不但十分可惜,而且还污染了人类赖以生存的环境。解决这个难题的唯一可行办法,就是加紧开发新能源。而太阳能就是这些新开发能源中的佼佼者。

图5-21 太阳能电动汽车

太阳能发电在汽车上的应用,将能够有效降低全球环境污染,创造洁净的生活环境,随着全球经济和科学技术的飞速发展,太阳能汽车作为一个产业已经不是一个神话。燃烧汽油的汽车是城市中一个重要的污染源头,汽车排放的废气包括二氧化硫和氮氧化物都会引致空气污染,影响人们的健康。现在各国的科学家正致力开发产生较少污染的电动汽车,希望可以取代燃烧汽油的汽车。但由于现在各大城市的主要电力都是来自燃烧化石燃料的,使用电动汽车会增加用电的需求,即间接增加发电厂释放的污染物。有鉴于此,一些环保人士就提倡发展太阳能汽车,太阳能汽车使用太阳能电池把光能转化成电能,电能会在储电池中存起备用,用来推动汽车的电动机。由于太阳能车不用燃烧化石燃料,所以不会放出有害物。据估计,如果由太阳能汽车取代燃料汽车,每辆汽车的CO_2排放量可减少43%~54%。

到目前为止,太阳能在汽车上的应用技术主要有两个方面:一是作为驱动力,二是用作汽车辅助设备的能源。

二 工作原理

金焰四射的太阳,其表面是一片烈焰翻腾的火海,温度为6000℃左右。在太阳内部,温度高达2000万℃以上。所以,太阳能一刻不停地发出大量的光和热,为人类送来光明和温暖,它也成了取之不尽、用之不竭的能源聚宝盆。将太阳能变成电能,是利用太阳能的一条重要途径。人们早在20世纪50年代就制成了第一个光电池。

太阳能电池依据所用半导体材料的不同,通常分为硅电池、硫化镉电池、砷化镓电池等,其中最常用的是硅太阳能电池,如图5-22所示。

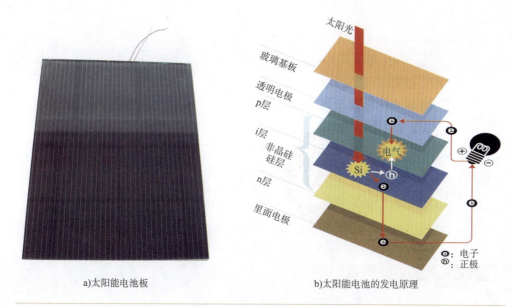

a) 太阳能电池板　　　　　b) 太阳能电池的发电原理

图5-22　硅太阳能电池及发电原理

通常，硅太阳能电池能把10%～15%的太阳能转变成电能。它既使用方便，经久耐用，又很干净，不污染环境，是比较理想的一种电源。只是光电转换的比率小了一些。近年来，美国已研制成光电转换率达35%的高性能太阳能电池。澳大利亚用激光技术制成的太阳能电池，其光电转换率达24.2%，而且成本与柴油发电相当。这些都为光电池在汽车上的应用开辟了广阔的前景。

将太阳能电池装在汽车上，用它将太阳能不断地变成电能作为驱动汽车运动的动力，这种汽车就是新兴起的太阳能汽车。太阳能汽车利用太阳能的一般方法：在阳光下，太阳能光伏电池板采集阳光，并产生人们通用的电流，这种能量被蓄电池储存并为以后旅行提供动力。或者直接提供给电动机，也可以汽车边行驶边蓄电，能量通过电动机控制器带动车轮运动，推动太阳能汽车前进。

第六章 汽车概论

学习目标

通过本章的学习，你应该：

1.掌握汽车的定义和常用分类方法；

2.了解汽车编号和车辆识别代号（VIN）；

3.掌握汽车的总体构造；

4.掌握汽车行驶的基本原理；

5.掌握汽车的特征参数与性能指标；

6.了解汽车制造材料与运行材料；

7.了解汽车的设计与制造过程。

第一节 汽车的定义和分类

一 汽车的定义

因为汽车能自己行走，所以人们用希腊语中的Auto（自己）和拉丁语中的Mobile（会动的）构成复合词（Automobile）来解释这种机器，这就是"Automobile"（自动车）一词的由来。汽车在日本称为"自动车"（日文中的"汽车"译成中文则是"火车"之意）。其他文种也多数是"自动车"，唯有我国例外。大概早期这种"能自己行走"的机器是靠蒸汽机驱动的缘故，因此我国就称它为汽车。

在我国，汽车是指由动力装置驱动，具有四个或四个以上车轮的非轨道承载的车辆，主要用于载运人员和（或）货物，牵引载运人员和（或）货物及特殊用途。但不包括专供农业使用的机械。全挂车和半挂车并无自带的动力装置,它们与牵引汽车组成汽车列车时才属于汽车范畴。有些进行特种作业的轮式机械,如轮式推土机、铲运机、叉式起重机(叉车)以及农田作业用的轮式拖拉机等,在少数国家被列入专用汽车,而在我国则分别被列入工程机械和农业机械之中。

二 汽车的分类

汽车的分类方法有许多种,我们选择以下两种较常用的分类方法进行介绍。

1 按汽车的动力装置分类

按汽车的动力装置分类,汽车可分为汽油发动机汽车、柴油发动机汽车、混合动力汽车和纯电动汽车等,如图6-1所示。

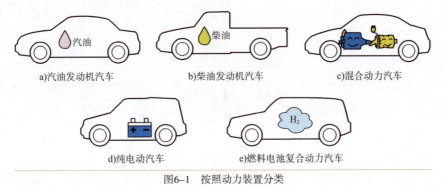

图6-1 按照动力装置分类

2 根据汽车的用途分类

根据国家标准GB/T 3730.1—2001中的规定,汽车按用途分为乘用车、商用车辆,然后按照车辆的结构进一步给出不同种类车辆的术语和定义。通常我们简单的理解为:私人作为代步工具的车辆称为乘用车,公务及商业经营的运输车辆称为商用车。

1 乘用车

在其设计和技术特性上主要用于载运乘客及其随身行李和/或临时物品的汽车,包括驾驶员座位在内最多不超过9个座位。它也可以牵引一辆车。

(1)普通乘用车(图6-2)。

车身:封闭式,侧窗中柱有或无。车顶(顶盖):固定式,硬顶。有的顶盖一部分可以开启。座位:4个或4个以上座位,至少两排。后座椅可折叠或移动,以形成装载空间。车门:2个或4个侧门,可有一后开启门。

图6-2 普通乘用车

(2)高级乘用车(图6-3)。

车身:封闭式。前后座之间可以设有隔板。车顶(顶盖):固定式,硬顶。有的顶盖一部分可以开启。座位：4个或4个以上座位，至少两排。后排座椅前可安装折叠式座椅。车门：4个或6个侧门，也可有一个后开启门。车窗：6个或6个以上侧窗。

（3）敞篷车（图6-4）。

车身：可开启式。车顶（顶盖）：车顶可为软顶或硬顶，至少有两个位置：第一个位置遮覆车身；第二个位置车顶卷收或可拆除。座位：2个或2个以上的座位，至少一排。车门：2个或4个侧门。车窗：2个或2个以上侧窗。

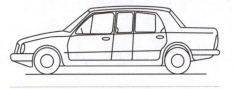
图6-3　高级乘用车

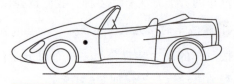
图6-4　敞篷车

（4）旅行车（图6-5）。

车身：封闭式。车尾外形可提供较大的内部空间。车顶（顶盖）：固定式，硬顶。有的顶盖一部分可以开启。座位：4个或4个以上的座位，至少两排。座椅的一排或多排可拆除，或装有向前翻倒的座椅靠背，以提供装载平台。车门：2个或4个侧门，并有一后开启门。车窗：4个或4个以上侧窗。

（5）越野乘用车（图6-6）。

在其设计上所有车轮同时驱动（包括一个驱动轴可以脱开的的车辆），或其几何特性（接近角、离去角、纵向通过角、最小离地间隙）、技术特性（驱动轴数、差速锁止机构或其他型式机构）和它的性能（爬坡度）允许在非道路上行驶的一种乘用车。

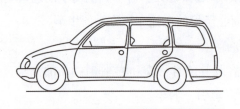
图6-5　旅行车

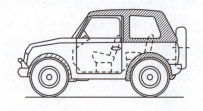
图6-6　越野乘用车

❷ 商用车

在设计和技术特性上用于运送人员和货物的汽车，并且可以牵引挂车，乘用车不包括在内。

（1）客车（图6-7）。

在设计和技术特性上用于载运乘客及其随身行李的商用车辆，包括驾驶员座位在内座位数超过9座。客车有单层的或双层的，也可牵引一挂车。按照服务方式不同，客车的构造也不同，可分为城市公共客车、长途客车、团体客车、游览客车等类型。

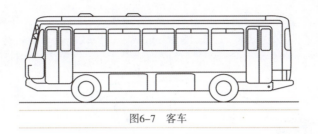

图6-7 客车

（2）货车。

用于运载各种货物，在其驾驶室内还可容纳2~6个乘员。由于所运载的货物种类繁多，货车的装载量及车厢的结构也各有不同，主要分为普通货车和专用货车两大类型。

普通货车（图6-8）具有栏板式车厢，可运载各种货物。专用货车（图6-9）通常由普通货车改装，其车厢是为专门运载某种类型的货物而设计的，如运载易污货物的闭式车厢、运载易腐食品的冷藏车厢、运载砂土矿石的自卸车厢、运载液体、气体或粒状固体的罐式车厢、运载大型货物的平台式车厢等。

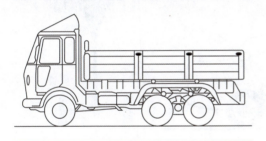

图6-8 普通货车

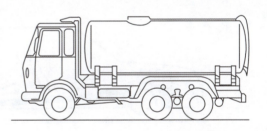

图6-9 专用货车

（3）牵引汽车（图6-10）。

专门或主要用于牵引挂车的汽车，通常可分为半挂牵引汽车和全挂牵引汽车等类型。半挂牵引汽车后部设有牵引座，用来牵引和支承半挂车前端。全挂牵引汽车本身带有车厢，其外形虽与货车相似，但其车辆长度和轴距较短，而且尾部设有拖钩。牵引汽车都装设有一部分挂车制动装置及挂车电气接线板等。

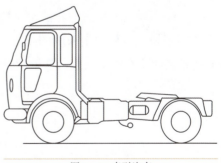

图6-10 牵引汽车

❸ 根据汽车的布置形式与驱动方式分类

（1）发动机前置前轮驱动（FF）。发动机前置前轮驱动布置形式（图6-11）是现代大多数轿车盛行的布置形式，具有结构紧凑、整车质量小、底板低、高速时操纵稳定性好等优点。

图6-11 发动机前置前轮驱动布置示意图

（2）发动机前置后轮驱动（FR）。发动机前置后轮驱动布置形式（图6-12）是传统的布置形式，大多数货车、部分轿车和部分客车都采用这种形式。

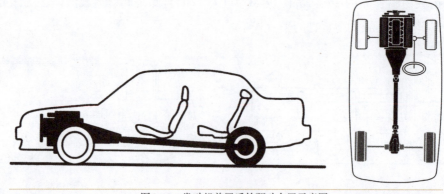

图6-12 发动机前置后轮驱动布置示意图

（3）发动机中置后轮驱动（MR）。发动机中置后轮驱动布置形式（图6-13）是方程式赛车和大多数跑车采用的布置形式。将功率和尺寸很大的发动机布置在驾驶员座椅与后轴之间，有利于获得最佳轴荷分配和提高汽车的性能。

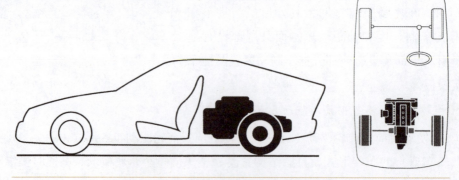

图6-13 发动机中置后轮驱动布置示意图

（4）发动机后置后轮驱动（RR）。发动机后置后轮驱动布置形式（图6-14）是目前大、中型客车盛行的布置形式，具有室内噪声小、空间利用率高等优点。少数轿车也采用这种布置形式。

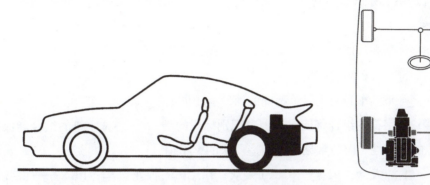

图6-14 发动机后置后轮驱动布置示意图

（5）四轮驱动（4WD）。四轮驱动布置形式（图6-15），四轮驱动是指汽车4个车轮都是驱动轮，这是越野汽车特有的布置形式，少数轿车也采用这种方式。通常发动机前置，在变速器之后的分动器将动力分别输送给全部驱动轮

图6-15 四轮驱动布置示意图

三 车辆识别代号（VIN）

1 车辆VIN的编码规则

车辆识别代号（VIN），又称17位编码（图6-16），是国际上通行的标识机动车辆的代码，是制造厂给每一辆车指定的一组字码，一车

图6-16 车辆识别代号

一码，保证在30年内不会重复，具有在世界范围内对一辆车的唯一识别性。

VIN由世界制造厂识别代码（WMI）、车辆描述码（VDS）和车辆指示码（VIS）三部分组成。

（1）世界制造厂识别代码（WMI）。通常占车辆识别代号（VIN）的前3位。世界制造厂识别代码用来标识车辆制造厂的唯一性，这部分必须经过申请、批准和备案后方能使用。

第一个字符是表示地理区域，生产国家代码，见表6-1。

第二个字符是汽车制造商代码。

第三个字符是汽车类型代码（不同的厂商有不同的解释）。

第1和第2位字符的组合将能保证国家识别标志的唯一性。3位字符的组合能保证制造厂识别标志的唯一性。国内常见汽车制造厂家的WMI编号：

LSV——上海大众；LFV——一汽大众；LDC——神龙汽车；LEN——北京吉普；LHG——广州本田；LHB——北汽福田；LKD——哈飞汽车；LS5——长安汽车；LSG——上海通用。

部分生产国家代码　　　　　　表6-1

国家	美国	日本	德国	中国	韩国	意大利	英国	瑞典	巴西	法国
代码	1	J	W	L	K	Z	S	Y	9	V

（2）车辆描述码（VDS）。用于说明车辆的一般特性，由车辆识别代号（VIN）的第4~9位共6位字符组成。如果制造厂不用其中的一位或几位字符，应在该位置填入选定的字符占位。

轿车：种类、系列、车身类型、发动机类型及约束系统类型。

MPV：种类、系列、车身类型、发动机类型及车辆额定总质量。

载货车：型号或种类、系列、底盘、驾驶室类型、发动机类型、制动系统及车辆额定总质量。

客车：型号或种类、系列、车身类型、发动机类型及制动系统。

（3）指车辆指示码（VIS）。这部分由8位字符组成，其最后4位字符应是数字。车辆指示部分第1位字符一般指示车车辆生产年份，用阿拉伯数字1~9和大写的英文字母A~Z（不包括字母I、O、Q、U、Z）表示。2008年代码为8，2009年代码为9，2010年代码为A，2011年代码为B……以此类推。第2位字符可以用来指示装配厂，若无装配厂，制造厂可规定其他内容。

上海通用汽车有限公司生产的凯越轿车VIN说明见表6-2。

凯越轿车车辆识别代号（VIN） 表6-2

位置	定义	字符	说明
1~3	全球制造识别	LSG	中国上海通用汽车有限公司
4~5	车系和系列	JS	LE（1.6L发动机）
		JV	LS AT（1.8L发动机）
6	车身款式	5	4门轿车
7	保护装置系统	2	起动（手动）安全带及驾驶人和乘客座辅助充气式保护装置
8	发动机类型	P	T18SED型1.8L直列四缸多点燃油喷射发动机
		U	F16D3型1.6L直列四缸多点燃油喷射发动机
9	检查数字	—	检查数字
10	车型年	4	2004
11	制造厂	S	上海
12~17	生产厂序号		—

我国于1997年8月1日颁布了国家标准《道路车辆 车辆识别代号（VIN）内容与构成》（GB 16736—1997），此标准于1999年1月1日起正式成为我国汽车生产的强制性标准，每一辆出厂的汽车上必须标有VIN。

❷ 车辆VIN的位置

VIN应位于易于看到并且能防止磨损或替换的部位。常见的部位有仪表与前风窗玻璃左下角的交界处（图6-17）、发动机前横梁上、左前门边或立柱上和驾驶人左腿前方等。

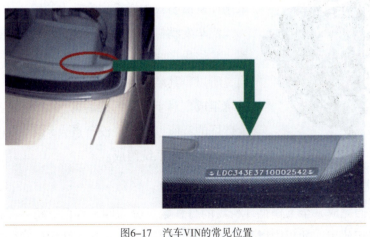

图6-17 汽车VIN的常见位置

第二节　汽车的总体构造

汽车是由数百个总成，上万个零部件组装而成。不同的车型结构千差万别，但基本上都是由发动机、底盘、车身及其附件和电气设备四部分组成，如图6-18所示。

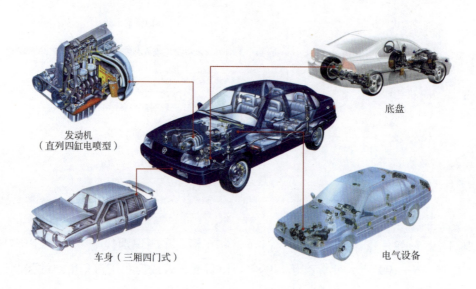

图6-18　汽车的总体构造

一、发动机

发动机是汽车的动力源，其作用是使燃料燃烧，将热能转变成机械能，驱动汽车行驶，并驱动其他机电设备。目前，国内外汽车绝大多数采用往复活塞式内燃机作为动力装置，如图6-19所示。

汽车发动机是一部由许多机构和系统组成的复杂机器。其结构形式也多种多样，但是由于基本工作原理相同，所以，其结构也大同小异，通常由两大机构和五大系统组成。对于汽车用柴油机，由于其混合气是自行着火燃烧的，所以柴油机没有点火系统，因此柴油机由两个机构和四个系统组成。

图6-19　往复活塞式内燃机立体结构图

1．发动机的工作原理

发动机按照完成一个工作循环所需的行程数可分为四冲程内燃机和二冲程内燃机。汽车发动机广泛使用四冲程内燃机。单缸四冲程汽油机的基本结构如图6-20所示。汽缸体内圆柱形腔体称为汽缸，内装有活塞，活塞通过活塞销、连杆与曲轴相连接。活塞在汽缸内作往复直线运动，通过连杆推动曲轴作旋转运动。在汽缸盖上装有进、排气门，通过凸轮轴控制进、排气门开启和关闭，实现向汽缸内充入新鲜可燃混合气并将燃烧后的废气排出汽缸。

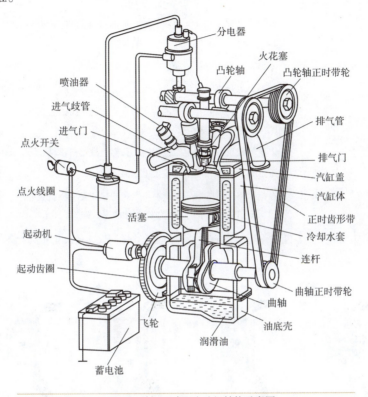

图6-20　单缸四冲程汽油机结构示意图

发动机基本术语如图6-21所示，基本术语含义见表6-3。

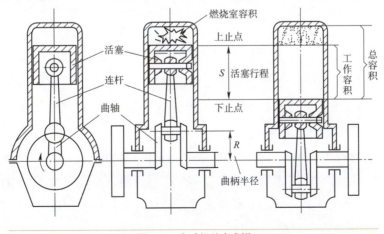

图6-21　发动机基本术语

发动机基本术语含义 表6-3

基本术语	含义
上止点	上止点是指活塞离曲轴回转中心最远处，即活塞的最高位置
下止点	下止点是指活塞离曲轴回转中心最近处，即活塞的最低位置
活塞行程 S	上止点与下止点之间的距离称为活塞行程
曲柄半径 R	曲轴与连杆下端的连接中心至曲轴中心的距离（即曲轴的回转半径）称为曲柄半径。活塞行程为曲柄半径的两倍，即 $S=2R$
汽缸工作容积 V_h（L）	活塞从一个止点运动到另一个止点所扫过的容积称为汽缸工作容积或汽缸排量
燃烧室容积 V_c（L）	活塞在上止点时，活塞顶与汽缸盖之间的容积称为燃烧室容积
汽缸总容积 V_a（L）	活塞在下止点时，活塞顶上方的容积称为汽缸总容积。显然，汽缸总容积是汽缸工作容积与燃烧室容积之和
发动机排量 V_L（L）	多缸发动机各汽缸工作容积的总和称为发动机排量
压缩比 ε	汽缸总容积与燃烧室容积之比称为压缩比
工作循环	在汽缸内进行的每一次将燃料燃烧的热能转变成机械能的一系列连续过程（进气、压缩、做功、排气）称为发动机的一个工作循环

四冲程发动机的工作循环包括四个活塞行程（图6-22），即进气行程、压缩行程、做功行程和排气行程。

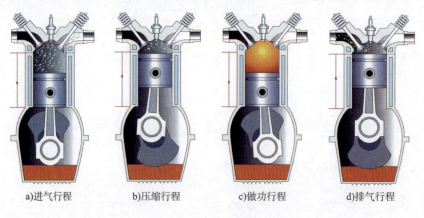

a) 进气行程　　b) 压缩行程　　c) 做功行程　　d) 排气行程

图6-22　四冲程发动机的工作循环

（1）进气行程（图6-22a）。活塞在曲轴的带动下由上止点移至下止点。此时进气门开启，排气门关闭，曲轴转动180°。汽油机将空气与燃料先在汽缸外部进行混合，形成可燃混合气，然后再吸入汽缸。

（2）压缩行程（图6-22b）。为使吸入汽缸的可燃混合气能迅速燃烧，以产生较大的压力，从而使发动机发出较大功率，必须在燃烧前将可燃混合气压缩，使其容积缩小、密度加大、温度升高，即需要有压缩过程。在这个过程中，进、排气门全部关闭，曲轴推动活塞由下止点向上止点移动。

（3）做功行程（图6-22c）。在这个过程中，进、排气门仍旧关闭。当活塞接近上止点时，装在汽缸盖上的火花塞发出电火花，点燃被压缩的可燃混合气，可燃混合气燃烧后，放出大量的热能，推动活塞从上止点向下止点运动，通过连杆使曲轴旋转并输出机械能。

（4）排气行程（图6-22d）。排气门开启，进气门仍然关闭，活塞从下止点向上止点运动，可燃混合气燃烧后生成的废气从汽缸中排除，以便进行下一个进气行程。

综上所述，四冲程汽油发动机经过进气、压缩、做功和排气四个行程，完成一个工作循环。这期间活塞在上下止点之间往复移动了四个行程，相应地曲轴旋转了两周。

❷ 曲柄连杆机构

曲柄连杆机构是往复活塞式内燃机实现工作循环、完成能量转换的传动机构，用来传递力和改变运动方式。工作中，曲柄连杆机构在做功行程中把活塞的往复运动转变成曲轴的旋转运动，对外输出动力，而在其他三个行程中，即进气、压缩、排气行程中又把曲轴的旋转运动转变成活塞的往复直线运动。总的来说曲柄连杆机构是发动机借以产生并传递动力的机构。通过它把燃料燃烧后发出的热能转变为机械能。

曲柄连杆机构由机体组、活塞连杆组、曲轴飞轮组等组成（图6-23）。在做功行程中，活塞承受燃气压力在汽缸内作直线运动，通过连杆换成曲轴的旋转运动，并从曲轴对外输出动力，而在进气、压缩和排气行程中，飞轮释放能量又把曲轴的旋转运动转化成活塞的直线运动。

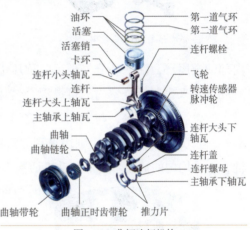

图6-23 曲柄连杆机构

❶ 机体组

简而言之就是为活塞提供上下往复运动的基体，同时为曲柄连杆机构、配气机构、发电机、水泵等各个部件提供安装位。可以说，机体组是整台发动机的骨架。现代汽车发动机机体组主要由汽缸盖罩、汽缸盖、汽缸衬垫、汽缸体、主轴承盖以及油底壳等组成，如图6-24所示。

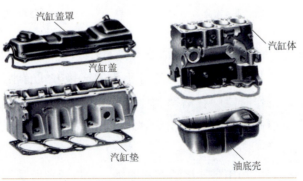

图6-24 发动机机体组

❷ 活塞连杆组

将活塞的往复直线运动转变为曲轴的旋转运动,同时将作用于活塞上的力转变为曲轴对外输出转矩,以驱动汽车车轮转动。活塞连杆组主要由活塞、活塞环、活塞销、连杆及连杆轴瓦等组成,如图6-25所示。

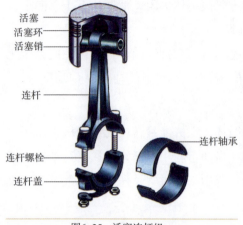

图6-25 活塞连杆组

(1)活塞。活塞的功用是承受汽缸的气体压力,并将此力通过活塞销传给连杆,以推动曲轴旋转,它把燃烧气体的压力传给曲轴,使曲轴旋转并输出动力。活塞由顶部、头部和裙部等3部分构成,如图6-26所示。活塞的顶部还与汽缸盖、汽缸壁共同组成燃烧室。

(2)活塞环。活塞环是用于嵌入活塞槽沟内部的金属环。活塞环分气环(又称压缩环)和油环(机油环)两种,如图6-27所示。气环可用来密封燃烧室内的可燃混合气体,防止汽缸中的高温、高压燃烧气体大量的通过汽缸壁漏入曲轴箱,与此同时还将活塞头的热量传到给汽缸壁;一般发动机活塞上装有2~3道气环。油环的作用则用来刮除汽缸上多余的机油,并且在汽缸壁上均匀适量的布油,形成均匀的油膜。通常发动机活塞上装有1道油环。

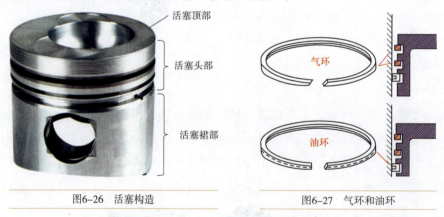

图6-26 活塞构造　　　图6-27 气环和油环

(3)活塞销。活塞销用来连接活塞和连杆小头(图6-28),同时将活塞承受的力传给连杆。活塞销与活塞销座孔与连杆小头的连接方式有半浮式和全浮式两种,全浮式应用最广泛,工作时能够在活塞销座和连杆小头中都可以转动,其工作表面相对滑动速度较小,摩擦产生的热量也相应减小,磨损较小且均匀,延长了活塞销的使用寿命。

(4)连杆。连杆的功用是连接活塞和曲轴,并将活塞所受作用力传给曲轴,将活塞的往复运动转变为曲轴的旋转运动。连杆由小头、杆身和大头构成，如图6-29所示。连杆小头与活塞销连接，同活塞一起作往复运动；连杆大头与连杆轴颈连接，同曲轴一起作旋转运动。连杆工作时，要承受活塞销传来的气体压力、往复运动的惯性力和旋转的惯性力，这些力的大小和方向都会发生周期性变化。因此，要求连杆要有足够的刚度、强度，并且尽量做到轻量化。

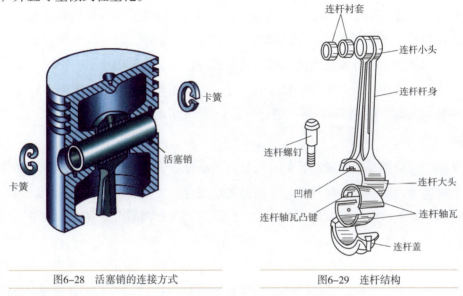

图6-28 活塞销的连接方式　　　　　图6-29 连杆结构

③ 曲轴飞轮组

曲轴飞轮组（图6-30）主要由曲轴、飞轮、正时齿轮或正时链轮、V形带轮及曲轴扭转减振器等组成。

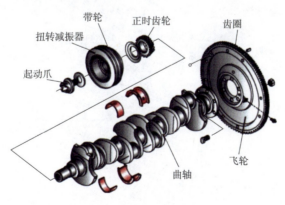

图6-30 发动机曲轴飞轮组

（1）曲轴。曲轴的功用是把活塞、连杆传来的气体力转变为转矩，用以驱动汽车的传动系统和发动机的配气机构以及其他辅助装置。曲轴在周期性变化的气体力、惯性力及其力矩的共同作用下工作，承受弯曲和扭转交变载荷。因此，曲轴应有足够的抗弯曲、抗扭转的疲劳强度和刚度；轴颈应有足够大的承压表面和耐磨性；曲轴的质量应尽量小。

（2）飞轮。飞轮的主要功用是用来储存做功行程的能量，用于克服进气、压缩和排气行程的阻力和其他阻力，使曲轴能均匀地旋转。飞轮外缘的齿圈与起动机的驱动齿轮啮合，供起动发动机用；汽车离合器也装在飞轮上，利用飞轮后端面作为驱动件的摩擦面，用来对外传递动力。

（3）曲轴扭转减振器。曲轴是一种扭转弹性系统，本身具有一定的自振频率。扭转减振器的功用就是吸收曲轴扭转振动的能量，消减扭转振动，避免发生强烈的共振及其引起的严重恶果。一般低速发动机不易达到临界转速。但曲轴刚度小、旋转质量大、缸数多及转速高的发动机，由于自振频率低，强迫振动频率高，容易达到临界转速而发生强烈的共振。因而加装扭转减振器就很有必要。

3 配气机构

配气机构的功用是按照发动机每一汽缸内所进行的工作循环或发火次序的要求，定时开启和关闭各汽缸的进、排气门，使新鲜可燃混合气（汽油机）或空气（柴油机）得以及时进入汽缸，废气得以及时从汽缸中排出。进入汽缸内的可燃混合气或空气对发动机性能的影响很大。进气量越多，发动机的转矩越大、功率越高。

配气机构大多采用顶置气门式配气机构，一般由气门组和气门传动组组成（图6-31）。气门组包括气门、气门座、气门导管和气门弹簧等部件。气门传动组包括凸轮轴、凸轮轴正时带轮、正时齿形带、张紧轮、液压挺柱等部件。

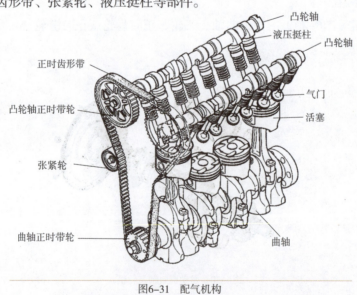

图6-31 配气机构

发动机工作时，曲轴通过曲轴正时带轮、正时齿形带、凸轮轴正时带轮驱动凸轮轴旋转，当凸轮轴转到凸轮的凸起部分顶到液压挺柱时，通过液压挺柱，压缩气门弹簧，使气门离座，即气门开启。当凸轮凸起部分离开液压挺柱时，气门便在气门弹簧力的作用下上升而落座，气门关闭，如图6-32所示。

④ 燃料供给系统

汽油机燃料供给系统的功用是根据发动机各工况的不同要求，配制一定数量和浓度的可燃混合气并将其供入汽缸，使之在压缩终了时点火、燃烧而膨胀做功，最后将燃烧后的废气排入大气中。目前，绝大多数汽车的汽油机燃料供给系统采用电子控制燃油喷射式燃料供给系统（一般称为"电控燃油喷射系统"）。电控燃油喷射系统如图6-33所示。

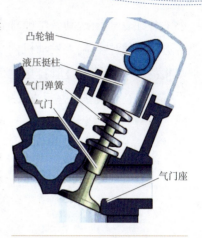

图6-32 气门组的工作原理

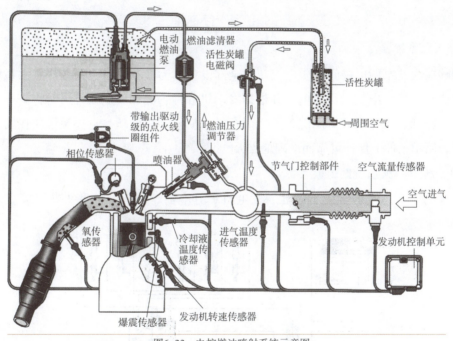

图6-33 电控燃油喷射系统示意图

驾驶人通过踩踏加速踏板来控制节气门开度，从而控制发动机汽缸的进气量，空气经空气滤清器、空气流量传感器、节气门进入进气总管，再分配到各缸进气歧管，然后进入各汽缸。空气流量计检测进入汽缸的空气量，节气门位置传感器检测节气门开度，这两个信号作为燃油喷射的主要信息输入发动机控制单元（ECU），由ECU计算出主喷油量，再根据冷却液温度传感器、进气温度传感器、氧传感器、爆震传感器等输入的信息，ECU对主喷油量进行必要的修正，确定出实际喷油量。

燃油从燃油箱中被电动燃油泵吸出，先由燃油滤清器将杂质滤除后再通过输油管、

111

燃油分配管等输送到各个喷油器。喷油器则根据ECU发出的指令,将计量后的燃油喷入各进气歧管中与流入发动机内的空气进行混合,形成可燃混合气,供入汽缸燃烧做功。产生的废气从排气歧管排出之后,进入三元催化转换器,将未完全燃烧的污染物转换为无害物质,以保护环境,最后废气经过排气消声器排入大气中,如图6-34所示。

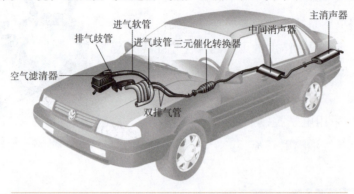

图6-34 进、排气系统

⑤ 点火系统

能够在火花塞两电极间产生电火花的全部设备称为发动机点火系统。点火系统的作用是将汽车的低压电变为高压电,并根据发动机各种工况和使用条件适时将高压电送到点火缸火花塞,击穿火花塞间隙,点燃混合气,使发动机做功。点火系统应在发动机各种工况和使用条件下保证可靠而准确地点火。

❶ 传统的点火系统的组成

传统的点火系统通常由蓄电池、发电机、分电器、点火线圈和火花塞等组成,如图6-35所示。

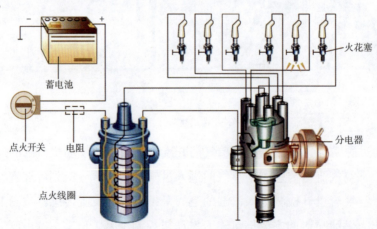

图6-35 传统点火系统的组成

(1)电源。电源提供点火系统工作时所需的能量,由蓄电池和发电机构成,其标称电压一般为12V。

（2）点火开关。点火开关用来控制仪表电路、点火系统初级电路以及起动机继电器电路的开与闭。

（3）点火线圈。点火线圈相当于自耦变压器，用来将电源供给的12V、24V或6V的低压直流电转变为15~20kV的高压直流电。

（4）分电器。分电器由断电器、配电器、电容器和点火提前调节装置等组成。它用来在发动机工作时接通与切断点火系统的初级电路，使点火线圈的次级绕组中产生高压电，并按发动机要求的点火时刻与点火顺序，将点火线圈产生的高压电分配到相应汽缸的火花塞上。

（5）火花塞。火花塞由中心电极和侧电极组成，安装在发动机的燃烧室中，用来将点火线圈产生的高压电引入燃烧室，点燃燃烧室内的可燃混合气。

❷ 计算机控制点火系统

随着计算机技术的飞速发展和发达国家对汽车排放限制及对其他性能要求的提高，计算机开始在汽车上获得应用——用计算机控制点火正时，形成计算机控制点火系统。由于计算机具有响应速度快、运算和控制精度高、抗干扰能力强等优点。计算机控制点火系统可以通过各种传感器感知多种因素对点火提前角的影响，使发动机在各种工况和使用条件下的点火提前角都与相应的最佳点火提前角比较接近。

计算机控制点火系统的组成示意图如图6-36所示，ECU接收曲轴位置传感器、空气流量传感器、冷却液温度传感器等的信号，以进行点火时间的控制与修正。计算机控制点火系统各部件的功用见表6-4。

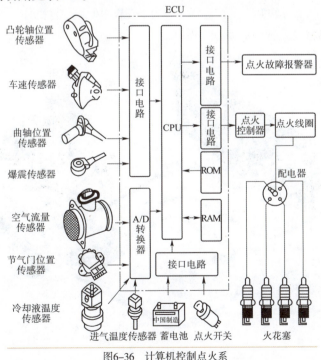

图6-36 计算机控制点火系

计算机控制点火系统的组成及功用　　　　　　　　　　　　　　表6-4

部　件		功　用
传感器	空气流量传感器	检测进气量（负荷）信号输入ECU，点火系统的主控制信号
	进气歧管绝对压力传感器	
	曲轴位置传感器	检测曲轴转角（转速）信号输入ECU，点火系统的主控制信号
	凸轮轴位置传感器	检测凸轮轴转角信号输入ECU，点火系统的主控制信号
	节气门位置传感器	检测节气门开度信号输入ECU，点火提前角的修正信号
	冷却液温度传感器	检测冷却液温度信号输入ECU，点火提前角的修正信号
	起动开关	向ECU输入发动机正在起动中的信号，点火提前角的修正信号
	空调开关（A/C）	向ECU输入空调的工作信号，点火提前角的修正信号
	进气温度传感器	检测进气温度信号输入ECU，点火提前角的修正信号
	空挡起动开关	检测自动变速器P位或N位信号输入ECU，点火系统的修正信号
	爆震传感器	检测发动机的爆震信号输入ECU，点火提前角的修正信号
	发动机负荷信号	检测发动机的负荷信号输入ECU，点火提前角的修正信号
执行器	点火控制器	根据ECU输出的点火控制信号控制点火线圈初级电路的通断，产生次级高压，同时，向ECU反馈点火确认信号
	ECU	根据各传感器输入的信号，计算出最佳的点火提前角，并将点火控制信号输送给点火控制器

❻ 冷却系统

发动机冷却系统的功用就是使工作中的发动机得到适度的冷却，从而保持发动机在最适宜的温度范围内工作。另外，冷却系统还为空调暖风系统提供热源。水冷发动机的冷却系统一般由水泵、散热器、节温器、冷却风扇、风扇控制机构、水套、膨胀水箱、温度指示器及报警灯等组成，如图6-37所示。

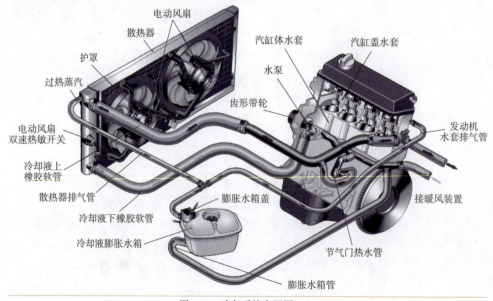

图6-37　冷却系统布置图

发动机工作时，水泵将冷却液压入发动机汽缸体水套，然后流入汽缸盖水套吸收机体的热量。此后冷却液分两路循环（图6-38），一路为大循环，即冷却液流经散热器冷却后，进入装在机体水泵进口处的节温器，流向水泵进水口；另一路为小循环，即冷却液直接进入节温器后的水泵进水口，不经散热器冷却。当冷却液的温度低于85℃时，进行小循环；当冷却液高于85℃时，部分冷却液进行大循环；当冷却液温度达到（102±3）℃时，流经散热器的冷却液全都参加大循环，而小循环是常开的，这样可使冷却系统的温度提高到一个较高的水平，改善发动机的热效率，同时可以确保冷却系统始终有冷却液在循环，保持发动机在最佳温度下工作。

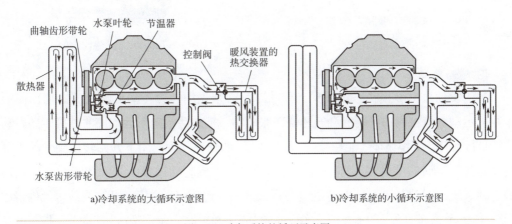

a) 冷却系统的大循环示意图　　　　b) 冷却系统的小循环示意图

图6-38　冷却系统的循环示意图

为了提高燃油雾化程度，利用冷却液的热量对进入进气歧管内的混合气进行预热，车上的空调暖风装置利用冷却液带出的热量来达到取暖目的。当需要取暖时，打开空调暖气控制阀，从汽缸体水套流出的部分冷却液可流入空调暖风热交换器供暖，随后流回水泵。

❼ 润滑系统

润滑系统的功用是向作相对运动的零件表面输送定量的清洁润滑油，以实现液体摩擦，减小摩擦阻力，减轻机件的磨损，并对零件表面进行清洗和冷却。润滑系统通常由润滑油道、机油泵、机油滤清器和一些阀门组成（图6-39）。

润滑系统示意图如图6-40所示。机油泵由发动机驱动，将油底壳内的机油经集滤器、机油冷却器、机油滤清器输送到各润滑部位，润滑结束后的机油流回到油底壳中。经过汽缸体、汽缸盖上的油道，输送到曲轴轴颈、连杆轴颈、凸轮轴轴颈的机油，使轴浮在轴承（轴瓦）上旋转。旋转的曲轴曲柄飞溅起来的机油，在汽缸壁等金属表面形成油膜，使摩擦减小。

 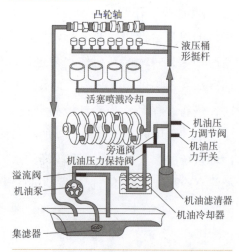

图6-39 润滑系统的组成　　　　　图6-40 润滑系统示意图

❽ 起动系统

要使发动机由静止状态过渡到工作状态，必须先用外力转动发动机的曲轴，使活塞作往复运动，汽缸内的可燃混合气燃烧膨胀做功，推动活塞向下运动使曲轴旋转，发动机才能自行运转，工作循环才能持续进行。因此，曲轴在外力作用下开始转动到发动机开始自动地怠速运转的全过程，称为发动机的起动。完成起动过程所需的装置，称为发动机的起动系统。起动系统主要由蓄电池、点火开关、电磁开关、起动机和导线等元件组成。图6-41所示为起动系统的示意图，实线部分为起动机电路，虚线部分为起动开关控制电路。

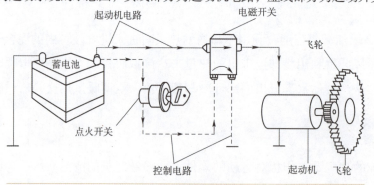

图6-41 起动系统示意图

目前，大多数运输车辆都采用电力起动机起动，电力起动机起动方式是用电动机作为机械动力，当电动机轴上的齿轮与发动机飞轮周缘的齿圈啮合时，动力就传到飞轮和曲轴，使之旋转。它具有操作简单、体积小、质量轻、安全可靠、起动迅速并可重复起动等优点，一般将这种电力起动机简称为起动机。

二 底盘

底盘是汽车的骨架，用来支撑车身和安装所有部件，同时将发动机的动力传递到驱动轮,还要保证汽车按照驾驶人的意志正常行驶。汽车底盘由传动系统、行驶系统、转向系统和制动系统四部分组成,如图6-42所示。

图6-42　汽车底盘的组成

1 传动系统

汽车发动机所发出的动力靠传动系统传递到驱动车轮。传动系统具有变速、倒车、中断动力、轮间差速和轴间差速等功能,与发动机配合工作,能保证汽车在各种工况条件下的正常行驶,并具有良好的动力性和经济性。

传动系统一般由离合器、变速器、万向传动装置、主减速器、差速器和半轴等组成,如图6-43所示。发动机发出的动力经离合器、变速器、万向传动装置传到驱动桥,在驱动桥处,动力又经主减速器、差速器和半轴等到达驱动车轮。

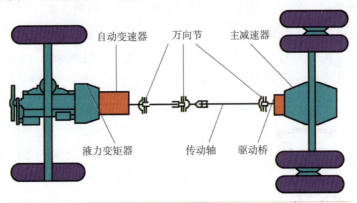

图6-43　机械传动系统的组成

(1) 离合器。汽车从起动到行驶的整个过程中,离合器是使发动机与变速器之间能平稳接合或分离,从而保证汽车平稳起步或停止行进;有时暂时切断发动机与变速器之间的联系,以便于换挡和减少换挡时的冲击;此外,当汽车紧急制动时能起分离作用,防止变速器等传动系统过载,起到一定的保护作用。离合器(图6-44)类似开关,接合或切断动力的传递,因此,任何形式的汽车都有离合器装置,只是形式不同而已。

117

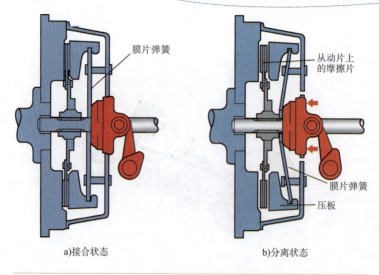

图6-44 离合器工作状态

在压紧弹簧作用下,离合器处于接合状态。发动机转矩靠飞轮与从动盘接触面之间的摩擦作用而传递到从动盘上,再经过从动轴传递给变速器。当驾驶人踩下离合器踏板时,推动传动装置克服压紧弹簧的力,从动盘后移,使离合器处于分离状态,中断动力传动。

(2)变速器。变速器的主要功用表现在以下三个方面:

①改变传动比,满足不同行驶条件对牵引力的需要,使发动机尽量工作在有利的工况下,满足可能的行驶速度要求。

②实现倒车行驶,用来满足汽车倒退行驶的需要。

③中断动力传递,在发动机起动、怠速运转、汽车换挡或需要停车进行动力输出时,中断向驱动轮的动力传递。

按传动比的变化方式划分,变速器可分为有级式、无级式和综合式三种。按操纵方式划分,变速器可以分为强制操纵式、自动操纵式和半自动操纵式三种。

手动变速器(图6-45),又称手动挡,即必须用手拨动变速杆才能改变变速器内的齿轮啮合位置,改变传动比,从而达到变速的目的。手动变速器在操纵时必须踩下离合器踏板,方可拨动变速杆。一般来说,如果驾驶人技术好,手动变速的汽车在加速超车时比自动变速汽车要快,也省油。

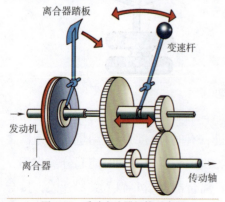

图6-45 手动变速器机构示意图

自动变速器(图6-46)通常利用行星齿轮机构进行变速,而驾驶人只需操纵加速踏板控制车速即可。虽说自动变速汽车没有离合器,但自动变速器中有多片离合器、制动器和单向离合器等执行元件,能够根据车速和节气门开度的变化而自动分离或接合，从而达到自动变速的目的。

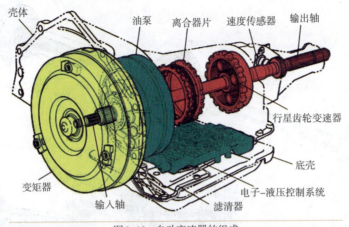

图6-46　自动变速器的组成

无级变速器（图6-47）的内部并没有传统变速器的齿轮传动结构，而是以两个可改变直径的传动轮，中间套上传动带来传动。基本原理是将传动带两端绕在一个锥形传动轮上，传动轮的外径大小靠油压大小进行无级的变化。起步时，主动传动轮直径变为最大直径，而从动传动轮变为直径最小，实现较高的传动比。随着车速的增加和各个传感器信号的变化，电脑控制系统来断定控制两个传动轮的控制油压，最终使传动轮直径发生连续变化，从而在整个变速过程中达到无级变速，没有换挡的突跳感觉。

（3）传动轴总成。在汽车传动系统及其他系统中，为了实现一些轴线相交或相对位置经常变化的转轴之间的动力传递，必须采用万向传动装置。万向传动装置一般由万向节和传动轴组成，有时还要有中间支承。按万向节在扭转方向上是否有明显的弹性可分为刚性万向节和挠性万向节。在汽车的传动系统中常使用十字轴式万向节（图6-48），而在转向驱动桥中往往使用球叉式、球笼式等速万向节。

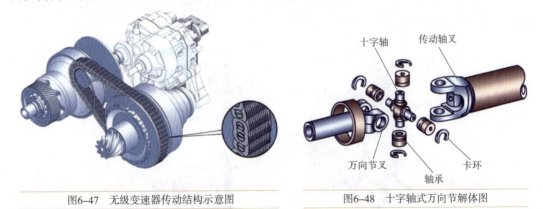

图6-47　无级变速器传动结构示意图　　　图6-48　十字轴式万向节解体图

（4）驱动桥。普通车辆的驱动桥由主减速器、差速器、半轴和驱动桥壳组成，如图6-49所示。

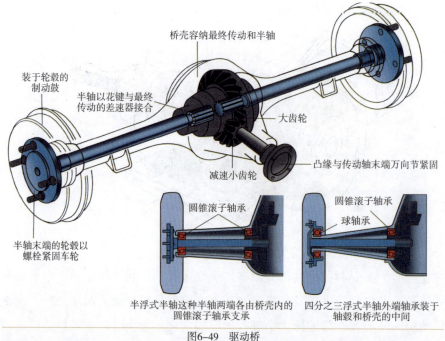

图6-49 驱动桥

主减速器是在传动系统中起降低转速、增大转矩作用的主要部件，当发动机纵置时还具有改变转矩旋转方向的作用，它是依靠齿数少的齿轮带动齿数多的齿轮来实现减速的，采用锥齿轮传动则可以改变转矩旋转方向。一般微、轻、中型车基本采用单级主减速器，而一些要求大传动比的中、重型车采用双级主减速器。

汽车在拐弯时车轮的轨线是圆弧，如果汽车向左转弯，就要左边轮子慢一点，右边轮子快一点，用不同的转速来弥补距离的差异。汽车差速器（图6-50）的作用就是在向两边半轴传递动力的同时，允许两边半轴以不同的转速旋转，满足两边车轮尽可能以纯滚动的形式作不等距行驶，减少轮胎与地面的摩擦。这种装在同一驱动桥两侧驱动轮之间的差速器称为轮间差速器。

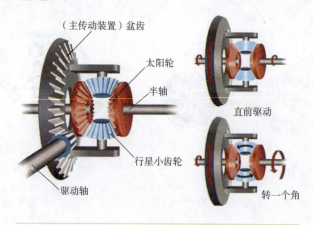

图6-50 差速器原理图

在多轴驱动汽车的各驱动桥之间,也存在类似问题。为了适应各驱动桥所处的不同路面情况,使各驱动桥有可能具有不同的输入角速度,可以在各驱动桥之间装设轴间差速器。差速器又可分为普通差速器和防滑差速器两大类。

❷ 行驶系统

行驶系统的功用是接受传动系统的动力,通过驱动轮与路面的作用产生牵引力,使汽车正常行驶;承受汽车的总质量和地面的反力;缓和不平路面对车身造成的冲击,衰减汽车行驶中的振动,保持行驶的平顺性;与转向系统配合,保证汽车操纵稳定性。行驶系统主要由车轮、车桥、车架和悬架组成。

(1)车架与车身。车架是汽车上各部件的安装基础。如发动机、变速器、车身或驾驶室通过弹性支撑安装于车架上;前、后桥通过悬架连接在汽车车架上;而转向器则直接安装在车架上。通常车架由纵梁和横梁组成,如图6-51所示。

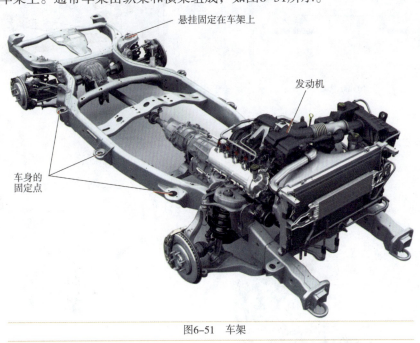

图6-51 车架

在一些客车和轿车上,车身和车架制成一体,这样的车身称为半承载式车身,有的被加强了车身则能完全起到车架的作用,这样的车身称为承载式车身,不另设车架。随着节能技术的发展,为了减轻自重,越来越多的轿车都采用了承载式车身。

(2)悬架。汽车悬架是车架(或车身)与车轴(或车轮)之间的弹性连接装置的统称。它的作用是弹性地连接车桥和车架(或车身),缓和行驶中车辆受到的冲击力,保证货物完好和人员舒适,衰减由于弹性系统引进的振动,使汽车行驶中保持稳定的姿势和良好的乘坐舒适性,改善操纵稳定性。悬架通常分为非独立悬架和独立悬架两大类,如图6-52所示。

目前大多数轿车的前后悬架都采用了独立悬架的形式,并已成为一种发展趋势。悬架的基本构成简单说来,包括弹性元件、减振器和传力装置等三部分(图6-53),分别起缓冲、减振和受力传递的作用。

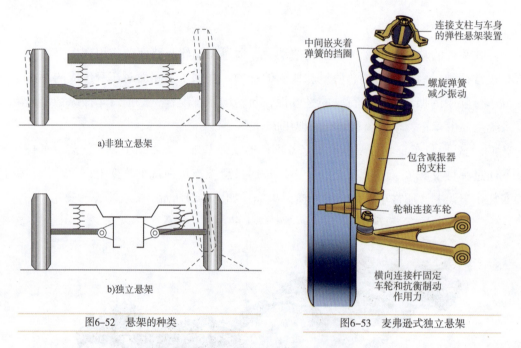

图6-52 悬架的种类

图6-53 麦弗逊式独立悬架

(3)车轮。一般是指由轮毂、轮辐、轮辋和轮胎所组成的总成。如图6-54所示。车轮的功用是支持全车的质量,承受驱动力、制动力以及地面对车轮的各种力,并通过轮胎与路面接触而实现汽车的运动。同时,转向轮还承担引导汽车前进方向的任务。

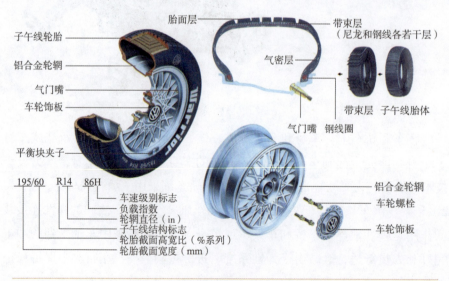

图6-54 车轮结构

汽车上目前最常用的是无内胎轮胎,即通常所谓的真空胎。轮胎的结构分为三部分:胎体、帘布、外胎面。胎体较柔软,外胎面刚性较大,中间的帘线起到加强胎体强度和定型的作用,多加以金属丝提高轮胎的弹力性能。

❸ 制动系统

制动系统可分为行车制动系统、驻车制动系统、应急制动系统及辅助制动系统等。制动系统一般由制动操纵机构和制动器两个主要部分组成(图6-55),制动系统的一般工作原理是利用与车身(或车架)相连的非旋转元件和与车轮(或传动轴)相连的旋转元件之间的相互摩擦来阻止车轮的转动或转动的趋势,而这个任务主要由制动器完成。

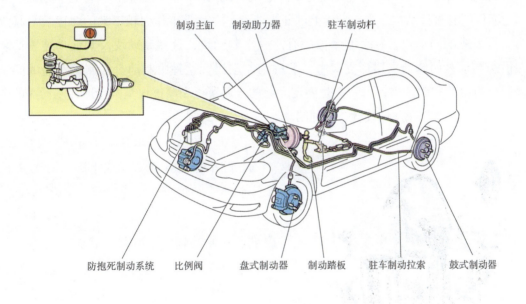

图6-55 制动系统的组成

目前汽车所用的摩擦制动器可分为鼓式制动器和盘式制动器两大类。

鼓式制动器(图6-56)是将一个以内圆面为工作表面的金属制动鼓固定在车轮轮毂上,随车轮一同旋转。在固定不动的制动底板上,有两个支承销,支承着两个弧形制动蹄的下端。制动蹄的外圆面上装有摩擦片。制动底板上还装有液压制动轮缸,用油管与装在车架上的液压制动主缸相连通。制动主缸中的活塞可由驾驶人通过制动踏板机构来操纵。当驾驶人踩下制动踏板,使活塞压缩制动液时,制动轮缸活塞在液压的作用下将制动蹄压向制动鼓,使制动鼓减小转动速度或保持不动。

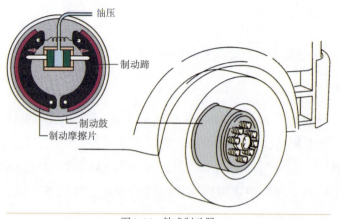

图6-56 鼓式制动器

盘式制动器（图6-57）中的旋转元件是以端面工作的金属圆盘，被称为制动盘。其固定元件则有多种结构形式，大体上可分为两类：一类是工作面积不大的摩擦块与其金属背板组成的制动块，每个制动器中有2～4个制动块，这些制动块及其促动装置都装在横跨制动盘两侧的夹钳形支架中，总称为制动钳，这种由制动盘和制动钳组成的制动器称为钳盘式制动器；另一类是固定元件的金属背板和摩擦块呈圆盘形，制动盘的全部工作面可同时与摩擦块接触，这种制动器称为全盘式制动器。

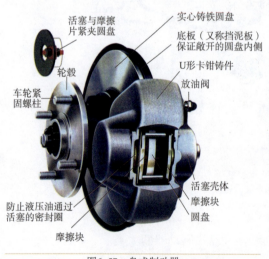

图6-57 盘式制动器

ABS是"Anti-Lock Brake System"的英文缩写，翻译过来可以称作防抱死制动系统。在汽车制动时，如果车轮抱死滑移，车轮与路面间的侧向附着力将完全消失。如果只是前轮（转向轮）制动到抱死滑移而后轮还在滚动，汽车将失去转向能力。如果只是后轮制动到抱死滑移而前轮还在滚动，即使受到不大的侧向干扰力，汽车也将产生侧滑（甩尾）现象。这些都极易造成严重的交通事故。因此，汽车在制动时不希望车轮制动到抱死滑移，而是希望车轮制动到边滚边滑的状态。

ABS是通过控制制动油压，来达到对车轮抱死的控制。其工作过程实际上是抱死—松开—抱死—松开的循环工作过程，使车轮始终处于临界抱死的间隙滚动状态，以达到最好的制动效果。

通常，ABS是在普通制动系统的基础上加装车轮速度传感器、ABS电控单元、制动压力调节装置及制动控制电路等组成的，如图6-58所示。

第六章 汽车概论

4 转向系统

汽车上用来改变或恢复其行驶方向的专设机构称为汽车转向系统。它能够按照驾驶人的意志实现汽车转向，它将驾驶人转动转向盘的动作转变为车轮（通常是前轮）的偏转动作，如图6-59所示。转向机构必须工作可靠，操纵轻便，能减小地面传到转向盘上的冲击，并保持适当的"路感"。当汽车发生碰撞时，转向装置应能减轻或避免对驾驶人的伤害。

转向系统主要由转向操纵机构、转向器、转向传动机构和转向助力装置等部分组成。按转向能源的不同，转向系统可分为机械转向系统和动力转向系统两大类。

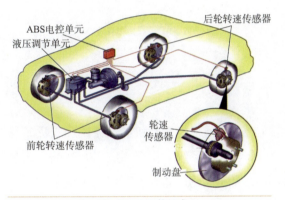

图6-58 ABS的组成

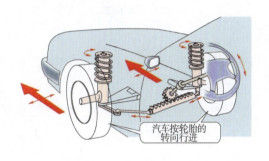

图6-59 汽车转向原理示意图

三 车身及其附件

车身的作用主要用来覆盖、包装和保护汽车零部件，提供装载货物的空间以及对驾驶人和乘员提供舒适的乘坐环境。车身附件是安装于车身之上的附属设备，如座椅、空调、风窗刮水器、玻璃升降器、点烟器、音响和通信设备等。

汽车车身结构从形式上说，主要分为非承载式和承载式两种。

使用非承载式车身（图6-60）的汽车有刚性车架，又称底盘大梁架。车身本体悬置于车架上，用弹性元件连接。车架的振动通过弹性元件传到车身上，大部分振动被减弱或消除，发生碰撞时车架能吸收大部分冲击力，车厢变形小，对车身起到保护作用，因此，平稳性和安全性好，而且厢内噪声低。但这种非承载式车身比较笨重，质量大，汽车质心高，高速行驶稳定性较差。一般应用在货车、客车和越野车上。

使用承载式车身（图6-61）的汽车没有刚性车架，只是加强了车头、侧围、车尾、底板等部位，车身和底架共同组成了车身本体的刚性空间结构。这种承载式车身除了其固有的承载功能外，还要直接承受各种负荷。这种形式的车身具有较大的抗弯曲和抗扭转的刚度，质量小，高度低，汽车质心低，装配简单，高速行驶稳定性较好。但由于道

125

路负载会通过悬架装置直接传给车身本体,因此噪声和振动较大。一般应用在轿车上,现在一些客车也采用这种形式。

图6-60 非承载式车身

图6-61 承载式车身

四 电气设备

1 概述

电气设备包括电源系统(蓄电池、发电机和调节器)、发动机起动系统和点火系统(汽油机)、照明与信号系统、仪表装置、刮水与洗涤系统、空调系统以及音响、安全气囊等。在现代汽车上,汽车电子化、智能化的程度也越来越高。现代汽车电子控制已从单一项目的控制,发展到多项内容复合的集中控制,逐渐形成整车电子控制。

汽车电气设备的特点如下。

(1)低压。汽车采用低压直流电,现代汽车的标称电压有12V和24V两种。目前汽油车普遍采用12V电源系统。

(2)直流。汽车上采用直流电气系统,其主要原因是发动机靠电力起动机起动,而起动机的电源是蓄电池,当蓄电池的电能消耗完后必须用直流电进行充电,所以汽车电气系统为直流系统。

(3)单线制。单线制即是从电源到用电设备使用一根导线连接;而另一根导线则由汽车车身或发动机机体代替,作为电气回路的连接方式,材单线制不仅节约导线,使线路简化、清晰,而且也便于安装和检修,现代汽车普遍采用单线制。

(4)负极搭铁。采用单线制时,蓄电池的一个电极接到车身上,俗称"搭铁"。蓄电池的负极与车身相连,就称为负极搭铁;反之,若蓄电池的正极与车身相连接,则称为正极搭铁。《汽车电气设备基本技术条件》(QC/T 413—2002)规定,国产汽车电气系统统一规定为负极搭铁。

2 电源系统

电源系统包括蓄电池、发电机及调节器,如图6-62所示。发电机与蓄电池并联工作,发动机不工作时由蓄电池供电,发动机起动后,转由发电机供电。在发电机给用电设备供电的同时,也给蓄电池充电。发电机配有调节器,其主要作用是在发电机转速变化时,自动保持发电机输出电压稳定。

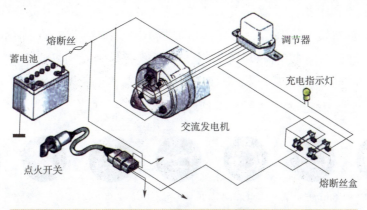

图6-62 电源系统的组成

3 照明与信号系统

为了保证汽车行驶安全,现代汽车上都装备多种照明及信号设备,如图6-63所示,且各国对照明及信号设备在法律上有不同程度的规定,而这些设备就构成了照明与信号系统。照明系统用于提供车辆夜间安全行驶必要的照明,包括车外照明和车内照明。信号系统用于提供安全行车所必需的信号,包括喇叭信号和灯光信号。

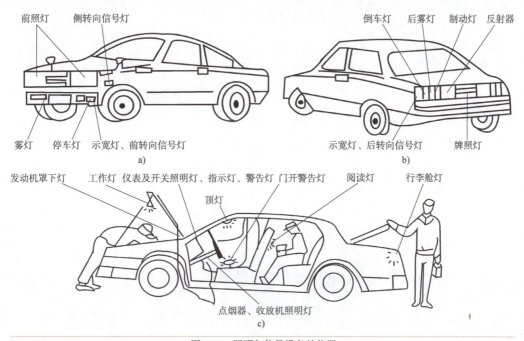

图6-63 照明与信号设备的位置

4 仪表

仪表就是汽车各部位（如油箱、冷却液、机油、充电系统等）的监视系统，能够让驾驶人随时了解汽车各部的运行状况，保证安全驾驶。为了提高对驾驶的报警及指示作用，现代汽车还利用各种报警及指示灯来代替仪表，如机油压力报警灯取代机油压力表、充电报警灯取代电流表等，另外再增加驻车制动报警灯、远光指示灯、转向指示灯、挡位指示灯、车门未关报警灯、安全带未系报警灯、发动机故障报警灯、ABS报警灯、SRS报警灯等各种报警及指示灯。现代汽车越来越多的报警灯，是由电子模块组控制电路的搭铁，使报警灯点亮，如图6-64所示。

图6-64 各种报警及指示灯

5 空调系统

汽车空调系统（图6-65）能在各种气候和行驶条件下，为乘员提供舒适的车内环境，并能预防或除去附在风窗玻璃上的雾、霜或冰雪，以确保驾驶人的视野清晰与行车安全。汽车空调主要由制冷装置、暖风装置、通风装置、加湿装置、空气净化装置和控制装置等组成。

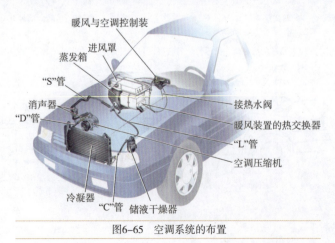

图6-65 空调系统的布置

汽车空调制冷系统的工作原理如图6-66所示，包括压缩、放热、节流和吸热四个过程。

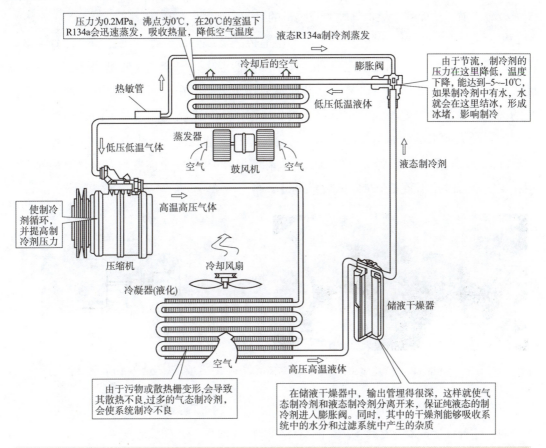

图6-66 汽车空调制冷系统的工作原理

压缩过程：汽车空调压缩机吸入蒸发器出口处的低温低压制冷剂气体，把它压缩成高温高压气体排出压缩机，经管道进入冷凝器。

放热过程：高温高压的过热制冷剂气体进入冷凝器后，由于温度的降低，达到制冷剂的饱和蒸汽温度，制冷剂气体冷凝成液体，并放出大量的液化气热。

节流过程：温度和压力较高的液态制冷剂通过膨胀装置后体积变大，压力和温度急剧下降，以雾状排出膨胀装置。

吸热过程：雾状制冷剂液体进入蒸发器，由于压力急剧下降，达到饱和蒸汽压力，液态制冷剂蒸发成气体。蒸发过程中吸收大量的蒸发器表面热量，变成低温低压气体后，再次循环进入压缩机。

❻ 安全气囊系统

安全气囊的全称为汽车安全辅助气囊系统，又称SRS（Supplement Restraint System），是现代轿车上引人注目的新技术装置。汽车安全气囊在汽车发生碰撞时，可以迅速在驾驶人或乘员与汽车内部结构之间打开一个充满气体的袋子，使驾驶人或乘员撞在气袋上，避免或减缓碰撞，从而到达保护驾驶人或乘员的目的，如图6-67所示。

当前方或侧面方向发生碰撞时，前部碰撞传感器或侧面碰撞传感器输出信号给电控单元，当碰撞冲量超过预先设定值时，气体发生器点火，安全气囊便迅速膨胀。由于驾驶人或乘员和气囊相碰撞时容易因振荡而造成伤害，所以在气囊背面会开有两个用于泄气的圆孔。这样，当驾驶人或乘员和气囊相碰撞时，借助圆孔的放气可减轻振荡，有助于保护驾驶人或乘员，如图6-68所示。从碰撞→点火剂着火→产生气体→气囊充气→气囊泄气，整个过程耗时仅为0.1s即完成，为瞬间动作的高度安全装置。安全气囊的保护作用在系安全带时比不系安全带时的效果更好。

图6-67　安全气囊

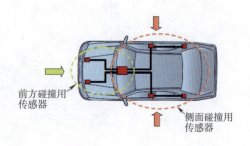

图6-68　安全气囊的工作原理

汽车结构的发展过程是不断出现矛盾和解决矛盾的过程，汽车其结构形式并不是一成不变的，随着科学技术的发展，汽车的总体和部件的构造必将不断完善。

第三节　汽车材料

汽车材料是制造汽车和汽车所用各种材料的总称。

一、汽车制造材料

为了满足人们对汽车环保性、节能性、安全性、舒适性越来越高的要求，汽车用材料正在发生变化。在降低油耗、减少排放的诸多措施中，降低汽车的质量已越来越得到汽车行业的重视，资料表明，车重减轻10%，可节省燃油3%~7%，为了降低汽车的质量，近年来，世界各大汽车厂越来越多的使用铝或塑料等非钢铁材料，并有代替钢的趋势。

1 金属材料

（1）黑色金属材料。车身大部分为钢板，底盘为钢板和棒材，悬架弹簧用线材等，发动机本体和动力传递系统使用棒材、线材和铸件的比例高，排气系统采用不锈钢、合金钢比例较高。

汽车面板部件要求板材具有良好的成形性、强度、碰撞能量吸收能力、疲劳耐久度、耐腐蚀性、焊接性；运动部件要具有良好的成形性、刚性、疲劳耐久度、耐腐蚀性。

从生产工艺特点划分为热轧钢板、冷轧钢板和涂镀层钢板。

从强度角度可划分为：普通钢板、低合金高强度钢板、普通高强度钢板和先进高强度钢板等。

（2）铝镁及其合金。铝及其合金除了具有质量轻、导热性好等特点外，还具优良的塑造性，铸造方法多，生产效率高。目前用于汽车上的铝合金可分为铸造铝合金和变形铝合金。铸造铝合金在汽车上的使用量最多，主要应用于发动机和底盘，见表6-5；变形铝合金包括锻造铝合金和铝合金板材等，主要应用于车身和冷却系统部件，见表6-6。

汽车用铸造合金的主要部件　　　　　　　　表6-5

部件系统	零件名称
发动机	发动机缸体、缸盖、活塞、进气管、水泵壳、发电机壳、起动机壳、摇臂、摇臂盖、滤清器底座、发动机托架、正时链轮盖、发动机支架、分电器座等
底盘	变速器壳、离合器壳、连接过渡板、换挡拨叉等横梁、上臂、下臂、转向器壳、制动轮缸壳、制动钳、车轮、操纵叉等
其他附件	离合器踏板、制动踏板、转向盘、转向节、发动机框架等

汽车用变形铝合金的主要部件　　　　　　　　表6-6

部件系统	零件名称
车身系统部件	发动机罩、车顶篷、车门、翼子板、行李舱盖、地板、车身骨架及覆盖件等
冷却系统	发动机散热器、机油散热器、空调冷凝器和蒸发器等
其他附件	冲压车轮、座椅、保险杠、车厢底板及装饰件等

镁的优点是刚性好，质量轻；低的熔化黏滞性和良好的成形性；可回收利用；可大规模生产；储量丰富。适用于离合器外壳、变速器外壳、变速器上盖、发动机罩、转向盘、座椅支架等。

（3）钛及其合金。钛合金属于新型结构材料，它具有优异的综合性能，密度小，比强度高。钛的密度为$4.5112g/m^3$，介于铝的密度（$2.7123g/m^3$）和铁的密度（$7.6123g/m^3$）之间。钛合金的比强度高于铝合金和钢，韧性也与钢铁相当。钛及钛合金抗蚀性能好，优于不锈钢，特别是在海洋大气环境中抵抗氯离子的侵蚀和微氧化情况下耐蚀性好，钛合金的工作温度较宽，低温钛合金在-253℃还能保持良好的塑性，而耐热钛合金的工作温度可达550℃左右，其耐热性明显高于铝合金和镁合金。同时具有良好的加工性、焊接性能。

尽管钛及钛合金早在20世纪50年代就进入了汽车制造领域，但发展比较缓慢，其原因主要是价格因素。为了满足汽车工业用钛，钛工业在熔炼、加工、制造等方面进行了大量的工作，以满足汽车工业的需求。钛金属熔点高，化学性质十分活泼，与O、H、N、C等元素有极强的化学亲和力，致使纯钛提取困难。工业上普遍使用的Kroll镁还原法生产海绵钛。kroll镁还原法生产海绵钛工艺复杂，能耗高，周期长，并且不能连续生产，同时需用大量的金属镁作还原剂，生产成本较高。

2 汽车用非金属材料

（1）汽车橡胶。橡胶是高弹性的高分子化合物。分为天然橡胶和合成橡胶两种。主要应用于轮胎、密封胶条、管路、传动、减振等。质量优异的橡胶表面光洁美观、无接痕，具有良好的弹性和抗压缩变形性，耐老化性能优异。阻燃性能优异，低烟、低毒。产品挤出稳定，尺寸精度高。

橡胶占汽车用材料总质量的5%，每辆车上多达400～500个橡胶件。随着环保和汽车多样化，橡胶的再生利用、耐热性以及进一步降低成本已成为汽车橡胶发展的主要课题。新型弹性体材料，如热塑性弹性体、高饱和丁腈橡胶在汽车上取得了长足的发展，其在汽车上用量已占汽车橡胶总消耗量的20%～50%（除轮胎）。汽车上大量使用的氟胶、硅胶、丙烯酸酯橡胶等高档胶和耐热弹性体仍是汽车橡胶发展的主流方向。

（2）塑料。塑料是一种高分子材料，主要应用与前照面、保险杠、发动机罩、行李舱罩、顶盖一些车身骨架构件。有众多优点——质量轻、成形容易、缓冲能力强、耐腐蚀性强、改变内外饰。汽车工业的发展离不开汽车塑料化的进程，2010年，我国工程塑料自给率约为10%，处于较低水平。汽车工业是聚丙烯（PP）最大用户。聚丙烯用于汽车工业具有较强竞争力，但因其模量和耐热性较低，冲击强度较差，因此不能直接用作汽车配件材料，轿车中使用的均为改性聚丙烯产品，其耐热性可由80℃提高到145～150℃，并能承受一定时间的持续高温。

汽车轻量化使包括聚丙烯、聚氨酯、聚氯乙烯、热固性复合材料、ABS、尼龙和聚乙烯等在内的塑材市场得以迅速增大。近两年，车用塑料的最大品种聚丙烯，每年都在高速增长。

（3）汽车玻璃。汽车玻璃是汽车本身附件必不可少的，主要起防护作用。目前汽车玻璃以夹层钢化玻璃和钢化玻璃为主，能承受较强的冲击力。夹层玻璃是由两层或两层以上的玻璃用一层或数层透明的黏结材料黏合而成的玻璃制品。它具有高抗冲击强度，受冲击后，脆性的玻璃破碎，同时由于它又和有弹性的PVB相结合，使其具有高的抗穿透能力，破碎后仍能保持高能见度。夹层玻璃与PVB黏结力非常强，当玻璃破碎后，玻璃碎片仍然粘在PVB上不剥落，不伤人，具有安全性，且耐光、耐热、耐湿、耐寒，如图6-69所示。

（4）陶瓷材料。陶瓷是以黏土为主要原料以及各种天然矿物质经过粉碎混炼、成型和煅烧制成的。汽车上使用的智能陶瓷产品，是功能材料、驱动系统与反馈系统相结合的智能材料系统或结构，包括汽车减振装置、汽车智能刮水器、汽车有源消声陶瓷材料等。

过去，汽车发动机都用合金钢制造，汽缸工作温度只有1000℃左右，而且还要用冷却液冷却。由于汽缸的活塞销耐高温摩擦性能较差，压缩效率下降较快，因而成了新型汽车工业的拦路虎。1980年日本五十铃汽车公司采用氮化硼陶瓷汽车发动机（DE），这种新型发动机的温度可达到1300~1500℃而不用冷却液冷却，再加上其密度只有钢的一半，所以，汽车质量减轻。它不仅可节省30%的热能，而且工作效率提高了15%~20%。陶瓷DE是在燃烧室和活塞的部分表面用比金属更加耐热的陶瓷材料，从而提高了零部件的耐热性，进一步简化了冷却系统，除可减少冷却损失、提高热效率外，还可使DE更加紧凑，使自身质量减轻。

保时捷汽车的陶瓷制动系统（PCCB），其制动碟表面的摩擦系数在制动初段比铸铁高25%，这样在紧急制动时，车子无需额外的制动辅助技术，单靠制动器便能迅速提供充足的制动力。陶瓷制动器（图6-70）采用6活塞的制动卡钳，在活塞与制动片之间，装有陶瓷隔热体，用以防止制动时产生的高热传入液压组件和制动液，这套制动系统可以在800℃高温下正常工作。

图6-69 破碎后的汽车玻璃

图6-70 保时捷汽车陶瓷制动器

二 汽车运行材料

汽车运行消耗的燃料、润滑料、特种液料和轮胎等非金属材料，一般统称为汽车运行材料。

1 汽车燃料

目前使用的传统汽车燃料有汽油和柴油，都是石油产品，由石油提炼而成。

（1）汽油。汽油为油品的一大类，是含有4~12个碳原子的复杂烃类混合物，很难溶解于水，易燃，馏程为30~205℃，空气中含量为74~123g/m³时遇火爆炸。汽油的热值约为4.4×10^7J/kg（燃料的热值是指1kg燃料完全燃烧后所产生的热量）。

汽油的颜色为无色或淡黄色（图6-71），红色或绿色都是人为加入油溶色料造成的，汽油有浓烈的刺激性气味，一般来说味道越浓烈，说明含二次加工的烃类成分越多，其辛烷值越高。汽油主要用于汽车、摩托车等各种点燃式发动机（简称汽油机）做燃料。

汽油类燃料包括航空汽油、车用汽油和溶剂汽油。

图6-71　车用汽油

汽油的牌号和规格，国家标准《车用汽油》（GB 17930—2016）按研究法辛烷值将我国车用汽油分为90号、93号、97号3个牌号。车用汽油（V）、车用汽油（VIA）和车用汽油（VIB）按研究法辛烷值分为89号、92号、95号和98号4个牌号。牌号越高其抗爆性越好，适合高压缩比的汽油机使用。

辛烷值是这样给定的：异辛烷的抗爆性较好，辛烷值给定为100，正庚烷的抗爆性差，给定为0，汽油辛烷值的测定是以异辛烷和正庚烷为标准燃料，使其产生的爆震强度与试样相同，标准燃料中异辛烷所占的体积百分数就是试样的辛烷值。

车用汽油主要有六大品质要求：良好的蒸发性、良好的抗爆性、良好的高氧化安定性、良好的抗腐蚀性、良好的清洁性和满足环保要求。

（2）柴油。柴油是石油提炼后的一种油质的产物，由不同的碳氢化合物混合组成，主要成分是含9~18个碳原子的链烷、环烷或芳烃。柴油的化学和物理特性位于汽油和重油之间，沸点在170~390℃，热值约为4.1×10^7J/kg。

柴油的颜色为茶黄色至褐黑色（图6-72），没有刺激性气味，是压燃式发动机（简称柴油机）燃料，由于柴油机较汽油机热效率高、功率大，燃料消耗低，比较经济，故应用日趋广泛，用于各种汽车、拖拉机、船舶和矿山、发电和钻井等大功率的运输工具及固定式机械的高速压燃式发动机。

图6-72　车用柴油

柴油类包括轻柴油、重柴油和军用柴油。

轻柴油是柴油汽车、拖拉机等柴油发动机燃料。目前国内应用的轻柴油按凝固点分为6个牌号：10号柴油、0号柴油、-10号柴油、-20号柴油、-35号柴油和-50号柴油。选用柴油的依据是使用时的温度。例如，-20号柴油的最低使用温度为零下20℃，如果温度再低，柴油就会变黏甚至凝固。

车用柴油主要有四大性能要求：良好的雾化和燃烧性、良好的燃料供给性、对发动机没有腐蚀和磨损作用、良好的储存和热安定性。

② 汽车润滑料

汽车润滑料用于汽车各相对运动零件摩擦表面间的润滑介质，具有减小摩擦阻力、保护摩擦表面的功能，并有密封、吸收和传散摩擦热以及清洗零件的作用。汽车润滑料主要有发动机润滑油、齿轮油和润滑脂。各种润滑料都有多种规格和不同的使用范围，应按技术规范正确选用和定期更换，其中发动机润滑油尤为重要。

发动机润滑油规格通常采用"质量等级+黏度等级"的美国标准标示，如图6-73所示。其中质量分级法由美国石油学会（API）制定；黏度分类法由美国汽车工程师学会（SAE）制定，润滑油不同黏度等级对应状态见表6-7。

图6-73　润滑油规格含义

润滑油不同黏度等级对应状态　　　　表6-7

黏度分级	可起动发动机的最低温度（℃）	发动机在100℃时机油运动黏度（cst）（厘斯）
0W	-35	
5W	-30	
10W	-25	
15W	-20	
20W	-15	
20		7.5
30		11
40		14.5
50		19
60		22

3 汽车特种液料

汽车特种液料是汽车某些机构工作必需的液料,主要有汽车制动液、汽车防冻液、液力变矩器液、动力转向器液、减振器液和电解液等。液力变矩器液用于高档轿车和重型载货汽车装用的液力变矩器中作为传递转矩的介质。变矩器液应具有较好的抗泡性,高温下有较好的抗氧化性,能在-40~170℃范围内工作。动力转向器液用于重型载货汽车或客车装用的助力式转向器中,作为传递转向力的介质,常与变矩器液通用。减振器液用于减振器,它应具有良好的黏温性,以减少温度变化对黏度的影响。电解液用于铅蓄电池,由蒸馏水和硫酸按一定比例配制而成。气温20℃时,电解液的密度应为1.24~1.28g/m³。

第四节　汽车的设计与制造

汽车的设计与制造是一个很复杂的系统工程,需要上千人花费几年的时间才能完成;一款汽车从研发到投入市场一般都需要5年左右的时间。不过随着技术的不断进步,研发的周期也在缩短。

一 市场调研阶段

一个全新车型的开发需要几亿元甚至十几亿元的大量资金投入,如果不经过很细致的市场调研可能就会"打水漂"了;现在国内有专门的市场调研公司,汽车公司会委托他们对国内消费者的需求、喜好、习惯等作出调研,明确车型形式和市场目标,即价格策略,很多车型的失败都是因为市场调研没有做好。譬如:当年雪铁龙汽车公司固执的在中国推广两厢车,而忽视了国人对"三厢"的情有独钟,致使两厢车进入中国市场太早,失去了占领市场的机会。

二 概念设计阶段

概念设计主要分三个阶段:总体布置、造型设计、制作油泥模型。

1 总体布置

总体布置设计是汽车的总体设计方案,包括:车厢及驾驶室的布置、发动机与离合器及变速器的布置、传动轴的布置、车架和承载式车身底板的布置、前后悬架的布置、制动系统的布置,以及油箱、备胎和行李舱等的布置,空调装置的布置。

2 造型设计

在进行了总体布置草图设计以后,就可以按其确定的公称尺寸进行造型设计,造型设计包括外形和内饰设计两部分。设计草图是设计师快速捕捉创意灵感的最好方法,最初的设计草图都比较简单，它也许只有几根线条，但是能够勾勒出设计造型的神韵，设计师通过大量的设计草图来尽可能多的提出新的创意，如图6-74所示。这种车型到底是简洁还是稳重，是复古还是动感，都是在此确定的。

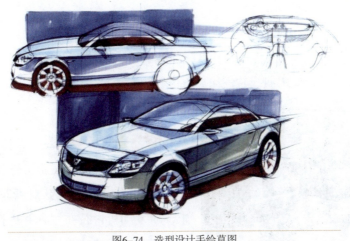

图6-74 造型设计手绘草图

3 制作油泥模型

随着计算机的应用，草图绘制完成后，可以使用各种绘图软件制作三维计算机数据模型（这种模型能够直接将数据输入5轴铣床，铣削出油泥模型），看到更加清晰的设计表现效果，然后进行1∶5的油泥模型制作。

完成小比例油泥模型制作后，进行评审，综合考虑各种因素：美学、工艺、结构等，然后进行1∶1的油泥模型制作。传统的全尺寸油泥模型（图6-75）都是完全由人工雕刻出来的，这种方法费时费力而且模型质量不能得到很好的保证，制作一个整车模型要花上3个月左右的时间，现在随着技术的进步，各大汽车厂家的全尺寸整车模型基本上都是由5轴铣床铣削出来的，这种方法制作一个模型只需要1个月甚至更少的时间。

图6-75 全尺寸油泥模型

三 工程设计阶段（数模构建）

在完成造型设计后，开始进入工程设计阶段，工程设计是一个对整车进行细化设计的过程，各个总成分发到相关部门分别进行设计开发。工程设计阶段主要包括以下几个方面：

❶ 总体布置设计

将前面的总体布置草图进行细化，精确各部件的尺寸和位置；确定各部件的详细结构、特征参数及质量要求。包括发动机舱、底盘、内饰、外饰及汽车电器等布置图。

❷ 车身造型数据

在油泥模型完成后，使用三维测量仪器对油泥模型进行测量，测量生成的数据称为点云，工程师根据点云使用曲线软件比如Catia、UG imageware等来构建汽车产品的外形，如图6-76所示。

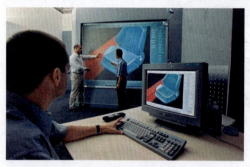

图6-76　计算机辅助设计

❸ 发动机工程设计

一般新车型的开发都会选用原有成熟的发动机动力总成，然后针对新车型的特点及要求，对发动机进行布置，并进行发动机匹配，这一过程一直持续到样车试验阶段，与底盘工程设计同步进行。

❹ 白车身工程设计

白车身的设计工作是在车身造型结构基础上进行的，所谓白车身是指车身结构件以及覆盖件的焊接总成，包括发动机罩、翼子板、侧围、车门以及行李舱盖在内的未经过涂装的车身本体。白车身是保证整车强度的封闭结构。这些部件依然使用三维数模软件来构建，譬如UG、Catia等，并进行材料的选择、工艺性分析、焊接和装配等分析。

❺ 底盘工程设计

底盘工程设计包括传动系统、行驶系统、转向系统、制动系统设计。主要工作包括：尺寸、结构、工艺功能及参数方面的定义和计算，根据计算数据完成三维数模；然后根据三维数模进行模拟试验及零部件的样品的制作；根据三维图完成设计及装配图。

❻ 内外饰工程设计

很多汽车公司不是自己制作内饰件和外饰件，而是由配套生产厂家来制作内饰件和外饰件。

内饰件主要包括仪表板、转向盘、座椅、安全带、安全气囊、地毯、侧壁内饰件、遮阳板、扶手、车内后视镜等。

外饰件主要包括前后保险杠、玻璃、车门防撞装饰条、进气格栅、行李架、天窗、后视镜、车门机构及附件、密封条等。

❼ 电气工程设计

电气工程设计负责全车的所有电气系统的设计，包括刮水系统、空调系统、各种仪表、整车开关、前后灯光以及车内照明系统。

经过以上各个总成系统的设计，工程设计阶段完成，最终确认整车设计方案。此时可以开始编制详细的产品技术说明书以及详细的零部件清单列表，验证法规。确定整车性能后，将各个总成的生产技术进行整理合成。

四 样车试验阶段

样车的试验包括两个方面：性能试验和可靠性试验。性能试验，顾名思义，主要是对一些功能性的测试，看其是否符合设计要求；可靠性试验，主要验证汽车的强度及耐久性。汽车的试验形式主要有风洞试验、试验场测试、道路测试、碰撞试验等。

❶ 风洞试验

在油泥模型阶段就已进行初步的风洞试验了，风洞试验涉及到空气动力学方面的科学；样品制作好后会作进一步测试，如图6-77所示。

❷ 试验场测试

很多汽车企业都有自己的试验场，试验场的不同路段分别模拟不同路况，有砂石路、雨水路、搓板路（图6-78）、爬坡路等。

图6-77 风洞试验

图6-78 试验场测试

❸ 道路测试

道路测试是样车试验最重要的部分。通常要在各种不同的区域环境中进行，在我国，北到黑龙江南到海南岛都有进行道路测试的条件，以测定在不同气候条件下车辆的行驶性能以及可靠性。路试是比较复杂的，包括高速路、沙尘路、水泥路、冰雪路（图6-79）等条件下的路试。

4 碰撞试验

碰撞试验（图6-80）主要测试汽车的结构强度，在新车上市前，企业要经过很多次测试，据说卡罗拉轿车上市前进行了100多次碰撞试验。测试主要是利用人体模型，通过各种传感器考察碰撞对人体模型的伤害，并有针对性地进行加强保护设计。

图6-79　冰雪道路测试　　　　　　　　图6-80　实车碰撞试验

试验阶段完成以后，新车型基本得到确认，然后进入小批量试制阶段。

五 量产阶段

投产启动阶段包括制定生产流程链、各种生产设备到位、生产线的铺设等。投产启动阶段需要半年左右的时间，在此期间要反复的完善冲压、焊接、涂装以及总装工艺，在确保生产流程和样车性能的条件下，开始小批量生产，进一步验证产品的可靠性，在确保小批量生产3个月产品无重大问题的情况下，正式启动量产。下面详细介绍汽车制造的四大工艺。

1 冲压工艺

冲压（图6-81）是所有工序的第一步。先是把钢板在切割机上切割出合适的大小，这个时候一般只进行冲孔、切边之类的动作，然后进入真正的冲压成形工序。每一个零件都有一个模具，只要把各种各样的模具装到冲压机床上就可以冲压出各种各样的零件，模具的作用是非常大的，模具的质量直接决定着零件的质量。

2 焊接工艺

冲压好的车身板件局部加热或同时加热、加压而接合在一起形成车身总成。在汽车车身制造中应用最广的焊接是点焊，焊接的好坏直接影响了车身的强度。所以很多厂家在说自己的车身结构的时候会特别强调自己采用的是"激光焊接"。在国内大部分生产厂家还是人工焊接，这当然是为了节省成本，如图6-82所示。

图6-81 冲压

图6-82 焊接

3 涂装工艺

涂装有两个重要作用，第一是防腐蚀，第二是增加美观。涂装工艺（图6-83）过程比较复杂，技术要求比较高。主要有以下工序：漆前预处理，底漆、喷漆工艺和烘干工艺等。整个过程需要使用大量的化学试剂进行处理和精细的工艺参数进行控制，对油漆材料以及各项加工设备的要求都很高，因此涂装工艺一般都是各公司的技术秘密。

4 总装工艺

总装（图6-84）就是把车身、发动机、变速器、仪表板、车灯、座椅等各零件安装组合到一起。装配工艺的水平直接影响到汽车的性能，我们会看到有些汽车钣金的接缝比较均匀，而有些汽车钣金的接缝不均匀，这些都与装配工艺有关。

20世纪90年代底兴起的组合单元化，即模块化装配方式的采用使得总装生产线上的工序得到简化，生产线缩短，成本大幅度降低。一般的总装车间主要有四大模块，即前围装配模块、仪表板装配模块、车灯装配模块、底盘装配模块。经过各模块的装配和各零部件的安装后再经过车轮定位、车灯视野检测等检验调整后整辆车就可以下线了。

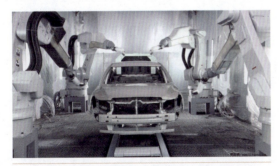
图6-83 涂装

图6-84 总装

参 考 文 献

[1] 屠卫星. 汽车文化[M]. 4版. 北京：人民交通出版社股份有限公司，2018.

[2] 李青，刘新江. 汽车文化[M]. 2版. 北京：人民交通出版社股份有限公司，2015.

[3] 朗全栋. 汽车文化[M]. 2版. 北京：人民交通出版社股份有限公司，2015.

[4] 朗全栋，曹晓光. 汽车文化[M]. 北京：高等教育出版社，2008.

[5] 高元伟，吕学前. 汽车电气设备构造与维修[M]. 北京：人民交通出版社，2011.

[6] 西川武志. 汽车构造图册[M]. 北京：人民交通出版社，2005.